张荫麟
史学之大成

ZHANG YIN LIN
SHI XUE ZHI DA CHENG

张荫麟 著

当代世界出版社
THE CONTEMPORARY WORLD PRESS

图书在版编目（CIP）数据

张荫麟：史学之大成 / 张荫麟著. -- 北京：当代世界出版社，2017.1

（名家国学大观 / 黄懿煊主编）

ISBN 978-7-5090-1156-0

Ⅰ. ①张… Ⅱ. ①张… Ⅲ. ①史学－文集 Ⅳ. ①K0-53

中国版本图书馆 CIP 数据核字（2016）第 274384 号

出版发行：当代世界出版社
地　　址：北京市复兴路 4 号（100860）
网　　址：http://www.worldpress.com.cn
编务电话：（010）83907332
发行电话：（010）83908409
　　　　　（010）83908455
　　　　　（010）83908377
　　　　　（010）83908423（邮购）
　　　　　（010）83908410（传真）
经　　销：全国新华书店
印　　刷：三河市兴国印务有限公司
开　　本：620 毫米 ×889 毫米　1/16
印　　张：15
字　　数：230 千字
版　　次：2017 年 1 月第 1 版
印　　次：2017 年 1 月第 1 次
书　　号：ISBN 978-7-5090-1156-0
定　　价：42 元

如发现印装质量问题，请与承印厂联系调换。
版权所有，翻版必究；未经许可，不得转载！

目录

荫麟中国史观

- 001- 《中国史纲》自序
- 012- 《孟子》所述古田制释义
- 017- 《春秋》"初税亩"释义
- 019- 墨子：战国时代新知识阶级的代表
- 030- 秦帝国的建立与六国混一
- 044- 汉武帝开拓的新时代
- 057- 儒家的正统地位之确立
- 065- 国史志业
- 067- 历史之美学价值

素痴论集精选

- 075- 论思想自由与革命
- 086- 帝国的发展与民生
- 092- 民生主义与中国的农民
- 096- 新广东之新精神
- 100- 论最近清华校风之改变
- 105- 评《小说月报》中国文学研究号
- 110- 跋今本《红楼梦》第一回

114-	中国书艺批评学序言
123-	代戴东原灵魂致冯芝生先生书
132-	道德哲学与道德标准
136-	论中西文化的差异

数风流人物

151-	大科学家张衡
160-	近代中国学术史上之梁任公先生
169-	梁任公辛亥以前的政论与现在中国
173-	梁漱溟先生的乡治论
189-	鲁迅：最富于人性的文人
194-	评胡适《白话文学史》上卷
205-	评杨鸿烈《大思想家袁枚评传》
211-	王国维先生之特出
213-	曾国藩之真相
218-	洪亮吉及其人口论
226-	冯友兰君之孔子论
228-	评孙曜《春秋时代之世族》

荷麟中国史观

《中国史纲》自序

这部书的开始属草,是在芦沟桥事变之前二年,这部书的开始刊布,是在事变之后将近三年。

现在发表一部新的中国通史,无论就中国史本身的发展上看,或就中国史学的发展上看,都可说是恰当其时。就中国史本身的发展上看,我们正处于中国有史以来最大的转变关头,正处于朱子所谓"一齐打烂,重新造起"的局面。旧的一切瑕垢腐秽,正遭受彻底的涤荡剡割,旧的一切光晶健实,正遭受天摧海淬的锻炼,以臻于极度的精纯;第一次全民族一心一体地在血泊和瓦砾场中奋扎以创造一个赫然在望的新时代。若把读史比于登山,我们正达到分水岭的顶峰,无论四顾与前瞻,都可以得到最广阔的眼界。在这时候,把全部的民族史和它所指向道路,做一鸟瞰,最能给人以开拓心胸的历史的壮观。就中国史学的发展上看,过去的十来年可算是一新纪元中的一小段落;在这十年间,严格的考证的崇尚,科学的发掘的开始,湮没的旧文献的新发现,新研究范围的垦辟，比较材料的增加，和种种输入的史观的流播，使得司马迁和司马光的时代顿成过去；同时史界的新风气也结成了不少新的，虽然有一部分还是未成熟的果。不幸这草昧初辟的园林，突遇狂风暴雹，使得我们不得不把一个万果垒垒的时代，期于不确定的将来了。文献的沦陷，发掘地址的沦陷，重建的研究设备的简陋，和生活的动荡，使得新的史学研究工作在战时不得不暂告停滞，如其不致停顿。"风雨如晦，鸡鸣不已"的英贤，固尚有之；然而他们生产的效率和发表的机会不得不大受限制了。在这抱残守缺的时日，回顾过去十年来新的史学研究的成绩，把他们结集，把他们综合，在种种新史观的提警之下，写出一部分新的中国通史，以供一个民族在空前大转变时期的自知之助，岂不是史家应有之事吗？

着手去写一部通史的人，不免劈头就碰到一个问题，以批评眼光去读一部通史的人，也不免劈头就碰到同一的问题，那就是，拿什么的"笔削"做标准？显然我们不能把全部中国史的事实，细大不捐，应有尽有的写进去。姑勿论一个人，甚至一整个时代的史家没有能力去如此做。即使能如此做，所成就的只是一部供人检查的"中国史百科全书"，而不是一部供人阅读的中国通史。那么，难道就凭个人涉览所及，记忆所容，和兴趣所之，以为去取吗？这虽然是最便当的办法，我怀疑过去许多写通史的人大体上所采的不是这办法。无怪佛禄德（Froude）把历史比于西方的缀句片，可以任随人意，拼成他所喜欢的字。我们若取任何几种现行的某国或某处通史一比较，能否认这比喻的确切吗？但我们不能以这样的情形为满足。我们无法可以使几个史家各自写成的某国通史去取全同，如自一模铸出，除是他们互相抄袭。但我们似乎应当有一种标准，可以判断两种对象相同而去取不同的通史，孰为合当，孰为高下，这标准是什么？

读者于此也许会想到一个现成的答案。韩昌黎不早就说过"记事者必提其要"吗？最能"提要"的通史，最能按照史事之重要的程度以为详略的通史，就是选材最合当的通史。"笔削"的标准就在史事的重要性。但这答案只把问题藏在习熟的字眼里，并没有真正解决问题。什么是史事的重要性？这问题殊不见得比前一问题更为浅易。须知一事物的重要性或不重要性并不是一种绝对的情实，摆在该物的面上，或蕴在该物的内中，可以仅就该事物的本身检察或分析而知的。一事物的重要性或不重要性乃相对于一特定的标准而言。什么是判别重要程度的标准呢？

"重要"这一概念本来不只应用于史事上，但我们现在只谈史事的重要性，只探究判别史事的重要程度的标准。"重要"一词，无论应用于日常生活上或史事的比较上，都不是"意义单纯"（Univocal）的；有时作一种意义，有时作别一意义；因为无论在日常生活上或史事的比较上，我们判别重要程度的标准都不是唯一无二的；我们有时用这标准，有时用那标准。而标准的转换，我们并不一定自觉。唯其如此,所以"重要"的意义甚为模糊不清。在史事的比较上,我们用以判别重要程度的可以有五种不同的标准。这五种标准并不是作者新创出来的,乃是过去一切通史家部分地、不加批判地、甚至不自觉地,却从没有严格的采用的。现在要把他们尽数列举,并加以彻底的考验。

第一种标准可以叫做"新异性的标准"(Standard of Novelty)。每一件历史的事情都在时间和空间里占一特殊的位置。这可以叫做"时空位置的特殊性"。此外,它容有若干品质,或所具若干品质的程度,为其他任何事情所无。这可以叫做"内容的特殊性"。假如一切历史的事情只有"时空位置的特殊性"而无"内容的特殊性",或其"内容的特殊性"微少到可忽略的程度,那么,社会里根本没有所谓"新闻",历史只是一种景状的永远持续,我们从任何一历史的"横剖面"可以推知其他任何历史的"横剖面"。一个民族的历史假若是如此,那么,它只能有孔德所谓"社会静力学",而不能有他所谓"社会动力学";那么,它根本不需有写的历史,它的"社会静力学"就可以替代写的历史。现存许多原始民族的历史虽不是完全如此,也近于如此;所以它们的历史没有多少可记。我们之所以需要写的历史,正因为我们的历史绝不是如此,正因为我们的史事富于"内容的特殊性",换言之,即富于"新异性"。众史事所具"内容的特殊性"的程度不一,换言之,即所具"新异性"的程度不一。我们判断史事的重要性的标准之一即是史事的"新异性"。按照这标准,史事愈新异则愈重要。这无疑地是我们有时自觉地或不自觉地所采用的标准。关于这标准有五点须注意。第一,有些史事在当时富于"新异性"的,但后来甚相类似的事接叠发生,那么,在后来这类事便减去新异性;但这类事的始例并不因此就减去"新异性"。第二,一类的事情若为例甚稀,他的后例仍不失其"新异性",虽然后例的新异程度不及始例。第三,"新异性"乃是相对于一特殊的历史范围而定。同一事情,对于一民族或一地域的历史而言,与对于全人类的历史而言,其新异的程度可以不同。例如十四世纪欧洲人之应用罗盘针于航海,此事对于人类史而言的新异程度远不如其对于欧洲史而言的新异程度。第四,"新异性"乃是相对于我们的历史知识而言。也许有的史事本来的新异程度很低,但它的先例的存在为我们所不知。因而在我们看来,它的新异程度是很高的。所以我们对于史事的"新异性"的见解随着我们的历史知识的进步而改变。第五,历史不是一盘散沙,众史事不是分立无连的;我们不仅要注意单件的史事,并且要注意众史事所构成的全体;我们写一个民族的历史的时候,不仅要注意社会之局部的新异,并且要注意社会之全部的新异;我们不仅要注意新异程度的高下,并且要注意新异范围的大小。"新异性"不仅有"深浓的度量"(Intensive Magnitude),并且有"广袤的度量"(Extensive Magnitude)。设如有两项历史的实在,其新异性之"深浓的度量"可相颉颃,而"广袤的度量"相悬殊，则"广袤的度量"大者比小者更为重要。我们的理想是要显出全社会的变化所经诸阶段和每一段之新异的面貌和新异的精神。

假如我们的历史兴趣完全是根于对过去的好奇心，那么，"新异性的标准"也就够了。但事实上我们的历史兴趣不仅发自对过去的好奇心，所以我们还有别的标准。

第二种标准可以叫做"实效的标准"（Standard of Practical Effect）。这个名词不很妥当，姑且用之。史事所直接牵涉和间接影响于人群的苦乐者有大小之不同。按照这标准，史事之直接牵涉，和间接影响于人群的苦乐愈大，则愈重要。我们之所以有这标准，因为我们的天性使得我们不仅关切于现在人群的苦乐，并且关切于过去人群的苦乐。我们不能设想今后史家会放弃这标准。

第三种标准可以叫做"文化价值的标准"（Standard of Cultural Values）。所谓文化价值即是真与美的价值。按照这标准，文化价值愈高的事物愈重要。我们写思想史、文学史或美术史的时候，详于灼见的思想而略于妄诞的思想，详于精粹的作品而略于恶劣的作品（除了用作形式的例示外），至少有一大部分理由依据这标准。假如用"新异性的标准"则灼见的思想和妄诞的思想，精粹的作品和恶劣的作品，可以有同等的新异性，也即可以有同等的重要性，而史家无理由为之轩轾。哲学上真的判断和文学美术上比较的美的判断，现在尚无定论。故在此方面通史家容有见仁见智之殊。又文化价值的观念随时代而改变，故此这标准也每随时代而改变。

第四种标准可以叫做"训诲功用的标准"（Standard of Didactic utility）。所谓训诲功用有两种意义：一是完善的模范；二是成败得失的鉴戒。按照这标准，训诲功用愈大的史事愈重要。旧日史家大抵以此标准为主要的标准。近代史家的趋势是在理论上要把这标准放弃，虽然在事实上未必能彻底做到。依作者的意见，这标准在通史里是要被放弃的。所以要放弃它，不是因为历史不能有训诲的功用，也不是因为历史的训诲功用无注意的价值，而是因为学术分工的需要。例如，历史中的战事对于战略与战术的教训，可属于军事学的范围；历史人物之成功与失败的教训，可属于应用社会心理学中的"领袖学"的范围。

第五种标准可以叫做"现状渊源的标准"（Standard of Genetic Relation With Present Situations）。我们的历史兴趣之一是要了解现状，是要追溯现状的由来，众史事和现状之"发生学的关系"（Genetic Relation）有深浅之不同，至少就我们所知是如此。按照这标准，史事和现状之"发生学的关系"愈深则愈重要，故近今通史家每以详近略远为旨。然此事亦未可一概而论。历史的线索，有断而复续的，历史的潮流，有隐而复显的。随着社会当前的使命、问题和困难的改变，久被遗忘的史迹每因其与现状的切合而复活于人们的心中。例如吾人今日之于墨翟、韩非、王莽、王安石与钟相是也。

以上的五种标准,除了第四种外,皆是今后写通史的人所当自觉地,严格地,合并采用的。不过它们的应用远不若它们的列举的容易。由于第三种标准,对文化价值无深刻的认识的人不宜写通史。由于第五种标准,"知古而不知今"的人不能写通史。再者要轻重的权衡臻于至当,必须熟习整个历史范围里的事实。而就中国历史而论,这一点决不是个人一生的力量所能做得到的。所以无论对于任何时代,没一部中国通史能说最后的话。所以写中国通史永远是一种极大的冒险。这是无可如何的天然限制,但我们不可不知有这种限制。

除了"笔削"的标准外,我们写通史时还有一个同样根本的问题。经过以上的标准选择出来的无数史实,并不是自然成一系统的。它们能否完全被组织成一系统?如是可能,这是什么样的系统?上面说过,众史事不是孤立无连的。到底它们间的关系是什么样的关系?同时的状况,历史的一"横切片"的种种色色,容可以"一个有结构的全体之众部分的关系"(Relation between parts of An Organized whole)的观念来统驭。但历史不仅是一时的静的结构的描写,并且是变动的记录。我们能否或如何把各时代各方面重要的变动的事实系统化?我们能否用一个或一些范畴把"动的历史的繁杂"(changing Historical Manifold)统贯?如其能之,那个或那些范畴是什么?

我们用来统贯"动的历史的繁杂"可以有四个范畴。这四个范畴也是过去史家自觉或不自觉地部分使用的。现在要把它们系统地列举，并阐明它们间的关系。

（甲）因果的范畴。历史中所谓因果关系乃是特殊的个体与特殊个体间的一种关系。它并不牵涉一条因果律，并不是一条因果律下的一个例子。因为因果律的例子是可以复现的；而历史的事实，因其内容的特殊性，严格地说，是不能复现的，休谟的因果界说不适用于历史中所谓因果关系。

（乙）发展的范畴。就人类史而言，因果的关系是一个组织体对于另一个组织体的动作，或一个组织体对其自然环境的动作，或自然环境对一个组织体的动作（Action）或一个组织中诸部分或诸方面的交互动作（Inteaction）。而发展则是一个组织体基于内部的推动力而非由外铄的变化。故此二范畴是并行不悖的。发展的范畴又包括三个小范畴。

（1）定向的发展（Teleogical Development）。所谓定向的发展者，是一种变化的历程。其诸阶段互相适应，而循一定的方向，趋一定鹄的者。这鹄的不必是预先存想的目标，也许是被趋赴于不知不觉中的。这鹄的也许不是单纯的而是多元的。

（2）演化的发展（Evolutional Development）。所谓演化的发展者，是一种变化的历程，在其所经众阶段中，任何两个连接的阶段皆相近似，而其"作始"的阶段与其"将毕"的阶段则剧殊。

其"作始"简而每下愈繁者谓之进化。其"作始"繁而每下愈简者谓之退化。

（3）矛盾的发展（Dialectical Development）。所谓矛盾的发展者，是一变化的历程，肇于一不稳定组织体，其内部包含矛盾的两个元素，随着组织体的生长，它们间的矛盾日深日显，最后这组织体被内部的冲突绽破而转成一新的组织体，旧时的矛盾的元素经改变而潜纳于新的组织中。

演化的发展与定向的发展，矛盾的发展与定向的发展，各可以是同一事情的两方面。因为无论演化的发展或矛盾的发展，都可以冥冥中趋赴一特定的鹄的。惟演化的发展与矛盾的发展则是两种不同的事情。

这四个范畴各有适用的范围，是应当兼用无遗的。我们固然可以专用一两个范畴，即以之为选择的标准，凡其所不能统贯的认识为不重要而从事舍弃。但这办法只是"削趾适履"的办法。依作者看来，不独任何一个或两三个范畴不能统贯全部重要的史实；便四范畴兼用，也不能统贯全部重要的史实，更不用说全部的史实，即使仅就一个特定的历史范围而论。于此可以给历史中所谓偶然下一个新解说，偶然有广狭二义：凡史事为四范畴中某一个范畴所不能统贯的，对于这范畴为偶然，这偶然是狭义的偶然；凡史事为四范畴中任何范畴所不能统贯的，我们也说它是偶然，这偶然是广义的偶然。历史中不独有狭义的偶然，也有广义的偶然。凡本来是偶然（不管狭义或广义的）的事，谓之本体上的偶然。凡本非偶然，而因我们的知识不足，觉其为偶然者，谓之认识上的偶然。历史家的任务是要把历史中认识上的偶然尽量减少。

到此，作者已把他的通史方法论和历史哲学的纲领表白。更详细的解说不是这里篇幅所容许。到底他的实践和他的理论相距有多远，愿付之读者的判断。

二十九年二月昆明

《孟子》所述古田制释义

一

《孟子》"滕文公问为国"一章中论述田制的一段，语甚迷离，与书中滂沛的辞令殊不类，疑有夺句错简。近考周代封建社会史，越读此越发生问题。

第一，是段开首说"夏后氏五十而贡，殷人七十而助，周人百亩而彻。"不管"贡"、"助"、"彻"的意义如何，这里明说周人的田制是"彻"而非"助"，但不一会儿却说："诗云'雨我公田，遂及我私'，唯'助'为有公田，由此观之，虽周亦'助'也。"这又明说周人的田制是"助"而不是"彻"（彻不能有公田）。于此我们有两个可能的说法：（甲）孟子头脑糊涂，在几行之内自相矛盾；（乙）孟子本意以为周代曾同时并行"彻"制和"助"制，或曾先行"助"制，继改"彻"制，却没有把话说清楚。这两个设想都不好接受。头一个设想和孟子的智力不类。至于第二个设想，孟子既然没把话说清楚，我们怎好判断他的原意？而且孟子是这样不会说话的人吗？

解释这个困难的钥乃在本章中"请于野九一而助"的话和另一章中（《梁惠王下》第五章）"昔者文王之治岐也耕者九一……"的话。显然所谓"虽周亦助"是指克殷以前的周，文王治岐时的周，而"周人百亩而彻"承殷人而言，则指克殷以后的周，如此则本段文义毫无格扞矣。

此文解释若对，则近人以为孟子认"九人而助的井田法"是周代的制度，而引经据传去反驳他的，简直是无的放矢；而另一方面，用孟子这段话去证明周代实行过井田法的更是谬中之大谬了。

第二，本段中"卿以下必有圭田，圭田五十亩，余夫二十五亩"的规定，与下文所述"方里而井，井九百亩，其中为公田，百家各私百亩，同养公田"的制度有什么关系？如没关系，它在本段所描写的田制中的地位是怎样？后世读此段的人，自韩婴、何休以下，多不得其解，误认此"请于野九一而助"以下一节为叙述史事，并且误把"余夫"混入井田制里去。韩婴认为"占者八家而井田……八家为邻，家得百亩，余夫各得二十五亩。"何休认为"圣人制井田，一夫一妇授田百亩，以养父母妻子。五口为一家……多于五口名曰余夫，余夫以率授田二十五亩。"其实，"请于野九一而助……"只是提出一种办法，而不是陈述历史（虽然所提出的办法是被认为有历史的根据）。"请"之云者，正明此意。

孟子此处所提出的是"彻"与"助"的混合制，故曰"请于野九一而助，国中什一使自赋。""什一使自赋"即是"彻"制。"国中"是指国都附近的地方。"野"是指边鄙的地方，"彻"与"助"各是孟子所认为历史事实的，但它们的结合却是孟子的创议，下文叙井田制的一节是承"于野九一而助"言，而解释之，故叙述完了，跟着说"所以别野人也"。中间关于"圭田"、"余夫"的规定，则是承"国中什一使自赋"言而解释之，否则何以"于野九一而助"的办法有了下文，而"国中什一使自赋"的办法却没有下文？依说话的层次，叙"圭田"、"余夫"的一节应在叙井田的一节之后，今本殆有错简，又脱去若干字，遂不可解。但无论如何，"余夫"的规定决不能混入一夫授田百亩的井田制里去。孟子明云："百亩之田勿夺其时，八口之家，可以无饥矣。"（《梁惠王下》第七章）就平均言，八口尽可包括一家的老幼，而安用更有"余夫"？而安得更有"多于五口"的"余夫"？兹将上面所涉及今本《孟子》一段的原文和现在所拟的订正并列于后，以供参考。

原文：

请于野九一而助，国中什一使自赋。卿以下必有圭田，圭田五十亩；余夫二十五亩。死徙无出乡，乡田同井，出入相友，守望相助，疾病相扶持，则百姓亲睦。方里而井，井九百亩，其中为公田。八家皆私百亩，同养公田；公事毕，然后敢治私事，所以别野人也。若夫润泽之，则在君与子矣。

拟正：

请于野九一而助，国中什一使自赋。方里而井，井九百亩，其中为公田。八家皆私百亩，同养公田；公事毕，然后敢治私事，所以别野人也。（中缺）。卿以下必有圭田，圭田五十亩；余夫二十五亩。死徙无出乡，乡田同井；出入相友，守望相助，疾病相扶持，则百姓亲睦。若夫润泽之，则在君与子矣。

没有本子的依据而颠倒古文，宜与程朱之擅改《大学》同讥，但我相信知言的人当不以此为连的。

二

明乎所谓"什一使自赋"是述"彻"制，则孟子所谓"贡"、"助"和"彻"的意义更无翳碍。兹略为疏释如下：

（一）"贡"的意义本无问题。孟子引龙子的话道："贡者，校数岁之中以为常。乐岁，粒米狼戾，多取之而不为虐，则寡取之；凶年，粪其田而不足，则必取盈焉。"用现在的话来说就是这样：于每一区（分区的单位不可知），农田几年间的收成，求得一年的收成的平均数，然后于这平均数中取百分之若干（依下文"其实皆什一也"的话，则是取百分之十），以为每年的税额，不管各年实际的收成多少。因此丰年则嫌征收的太少，歉收则嫌征收的太多。

（二）"彻"制就是要补救"乐岁寡取，凶年取盈"的弊病的。

以前解经的人因《论语》有"二,吾犹不足,如之何其彻?"的话,因以为"彻"制的要素在于什一而税,但依孟子所说,"贡"、"彻"、"助"皆可以"什一",则此点,绝非"彻"制的要素可知。在"什一使自赋"的一句里,我们要特别注意"使自赋"三字。这就是说,让农夫每年于实际的收成中,取其十分之一以供税,而不是由公家规定年年一律的税额,如"贡"的办法。孟子所谓"周人百亩而彻",是说周人行一夫授田百亩制而用"彻"法征税。孟子所提议在"国中"实行的是一夫授田五十亩,其家中的余夫二十五亩,而用彻法征税。

(三)"助"的意义,我们若不把"圭田"、"余夫"的一节羼入,也无甚问题。如孟子所说,"助"制的要素是有所谓公田和私田的分别。至于公田和私田的比率却没有一定。公田和私田的分配也不必成"井"字式。井田制只是助制的一种,助制不一定即是井田制。孟子所提倡而认为周文王曾实行过的是"九一而助",他认为殷人所实行的是"七十而助",比率显然不同。"七十"大约是说一夫授田七十亩,但若干人合耕若干公田则没有提到。

上面只释《孟子》所述和所提出的田制的意义,至于他所述与历史事实符合与否,另是一问题。

原载《大公报》一九三五年七月五日。

《春秋》"初税亩"释义

我们稽查周代田制史的原料,第一应当注意的是《春秋》经文中宣公十五年(前五九四)"初税亩"的记录和哀公十二年(前四八三)"用田赋"的记录。先说前者。

《公羊》把"初税亩"解作最初"履亩而税",《谷梁》略同。我看这是对的。《管子·大匡篇》也记齐桓公践位十九年(前六六七)"案田而税",可见齐鲁先后做同样的改革。用现代的话来说,就是把土地丈量清楚,按照亩数的比例来征税。于此我们可以推测以下数点:

(一)在这改革实行以前,齐鲁的田税显然不是以亩数为比例的。

(二)在那以统治者的利益为中心的封建社会里,这是很麻烦的改革,若于统治者无利,换句话说,若不能增加税收,当不会被他们实行的。从最富于儒家道德意识的《左传》作者对这改革的讥弹("初税亩,非礼也"),可知它当不是有利于民的。

（三）为什么改行按亩抽税能增加田税的收入呢？我们可以设想，原先的田税是以农户为单位的，而且各户的税额约略相等，因为原先各户所耕的亩数约略相等，但此时因为荒地逐渐垦辟（此时还没有田土的买卖），有些农户的田土增广了好些，若按亩抽，有些农户应当多纳好些税。

（四）我们更可以设想，周人最初来到东方的新殖民地里，把田土占为己有，把原有农夫役为农奴（也许他们原来也是农奴），为着劳工的经济，分配给各户农奴耕种的亩数，不能相差太大，总以适足尽其耕种的能力为度。"一夫授田百亩"的理想，当距事实不远（周以三千六百方尺为一亩，今以六千方尺为一亩。又据刘复奔量校算，周尺当今尺之0.72152，则周百亩约略当今31.2亩）。因为各户的领田略等，对它们的"粟米之征、布缕之征和力役之征"，可以略同，而无须以田亩为赋税的单位。

再看哀公十二年"用田赋"的记录，这与宣公十五年的"初税亩"是在同一背景，具同一作用的改革。古代赋与税有别，"税以足食，赋以足兵"（《汉书·刑法志》）。税是地租，赋是军役。原初赋的性质大约是若干户战时出车马若干、士卒若干。"用田赋"就是"履亩而赋"，或"案田而赋"，以亩的单位代替户的单位。"税亩"是增加税收，"用田赋"是要增加赋出。我们将此二事比并观之，越觉得上文的推测之不可易。

原载《大公报》一九三五年七月五日。

墨子：战国时代新知识阶级的代表

当封建时代的前期，贵族不独专有政权和田土，并且专有知识。闲暇和教育是他们的所独享，《诗》、《书》、《礼》、《乐》完全与平民绝缘。在封建组织演化中，贵族的后裔渐渐有降为平民的，知识也渐渐渗入民间，初时在野的学人有两种，一是躬耕食力的隐者，二是靠相礼或授徒糊口的"儒"，这两种人在孔子以前都已存在，虽然他们最初出现的时候不能确定。

《诗》三百篇中已有些隐者的诗，例如：

十亩之间兮，桑者闲闲兮，行与子还兮。
十亩之外兮，桑者泄泄兮，行与子逝兮。

又例如：

衡门之下，可以栖迟。泌之洋洋，可以乐饥。

> 岂其食鱼，必河之鲂？岂其娶妻，必齐之姜？

这种淡泊自适的胸襟，决不是没有学养的人所能道的。孔子以前的隐者，也有见于记载的。前586年，晋国起了大地震，梁山崩坍，都人惊惧，晋侯派传车去召大夫伯宗来商议，伯宗在半路遇着一辆载重的大车，喝令避开。赶车的人说：与其等待我，不如停车绕道，还来得快些。伯宗见他有胆识，和他问讯。原来他是绛人，问以绛事。答道：梁山崩坍，听说召伯宗来商议。问：伯宗来又怎么办呢？那人答道："山有朽坏的土壤便崩坍下来，可怎么办呢？国以山川为主。若山崩川竭，国君得暂时减却盛馔，除去盛服，停止音乐，改乘缦车（没装饰的），出宿郊外，并且命祝去献币，史去陈辞，以致敬礼，不过如此而已。便伯宗来，又怎么办呢？"伯宗要带他去见晋君，他不答应，后来拿他的话转告晋君，被采用了。这位赶车的隐者，其识见竟敌得过当世晋国最足智多谋的大夫。到了春秋末年，明哲的人隐遁的更多，孔子至有"贤者避世，其次避地"之叹。这辈隐者孔子师弟在游历的途中，屡有所遇，前面已叙及一例。但这时代的隐者和后来战国时代的隐者不同。他们在思想界是没有势力的。他们乃是真正的隐逸，既不著书立说，也没有当世的声名。他们的言行即使偶然闯入记载里，他们的姓氏也没有流传。

其次说"儒"。这一名词后世成了孔子信徒的专称，原初却不如此。《论语》里记孔子对一位弟子说:"汝为君子儒,毋为小人儒!"可见孔门之外尽多孔子所不取的小人儒。最初的儒,大约是公室氏室所禄养的祝、宗、卜、史之类,因主家的灭亡或衰落,而失去世职流落民间的,他们本来是贵族的"智囊团",多半是兼通《诗》、《书》、《礼》、《乐》的,所长特别是典礼的娴熟。他们失职之后,便靠帮助人家丧葬祭祀的大事(尤其是丧事)或传授《诗》、《书》和《礼》文,以为生活。别的社会分子也有传授他们的衣钵,继续他们的业务的。这辈人渐渐成为社会上一特殊的流品。古礼是他们的饭碗,守旧是他们的习性,文弱是他们的本分。因为他们的比较文弱,所以有儒之称,凡从需的字,大抵有柔缓的意思。他们之中也有堕落到只顾衣食,不讲廉耻,听说阔人有丧事,便率领子姓,如蚁附膻地不请自往;甚至有穷极无聊,乞人禾麦的。这类儒者大概即是孔子所谓小人儒。

伟大的儒者从孔子数起。"君子儒"的理想也是他首先提倡的。他和他的大弟子便是君子儒的榜样。他们也授徒,但不独传授技能,并且传授主义;他们也相礼,但把"礼之本"看得比礼文还重要。而且授徒相礼不过是他们的事业的一部分。他们最大的抱负乃在政治的建树,传统制度的拥护,武王周公时代的礼乐的复兴。孔子以前的儒者也许已有出仕于公室或氏室而做些家臣或邑宰之类的,但有主义,有操守地作政治活动的儒者,却以孔子为第一人。大概孔子死后,到了一个时期,所有的儒者,不分君子小人,或由师承，或由私淑，或由依附，都奉孔子为宗师。因此，儒与"孔子的信徒"合一。

但在春秋末年儒还只有职业阶级的意义而没有学派的意义。因为那时除了儒外似乎没有别的学派，至少别的特树一帜的学派。那时作政治活动的在野知识分子只有儒者。儒之成为学派的名称乃是战国初年的事；乃是有了与儒对抗的学派，即所谓"道术分裂"以后的事。最初与儒对抗的学派是墨翟所领导的墨家，和专替君做参谋，出法令的法家，而墨翟初时是"学儒者之业，受孔子之术"的；初期的法家代表人物，如李克、吴起，都是孔子的再传弟子。在墨家和法家出现以前，在野的知识界差不多给儒包办了。

自墨家和法家兴起以后，那不稼穑，无恒产，而以做官或讲学为生活的知识分子，即所谓"文学游说之士"者，派别日益纷繁。同时在政权的争夺，强邻的抗拒，或侵略的进行当中，列国的君相因为人才的需要，对于这班游士礼遇日益隆重。最著的，如在齐宣王的朝廷中，被爵为上大夫，"不治而议论"的游士一时有七十六人，宣王在临淄稷门外的稷下，"开第康庄之衢，高门大屋，（以）尊宠之"。因此有"稷下先生"的称号。其他来求利禄而未得进身的游士还不知凡几呢。直至燕人之难后，稷下讲学的风气还没有消灭。下文将要叙及的重要思想家中，如孟轲、邹衍、荀卿先后都到过稷下。

春秋时代最伟大的思想家是孔丘，战国时代最伟大的思想家是墨翟。孔子给春秋时代以光彩的结束，墨翟给战国时代以光彩的开端。

墨子和孔子同国籍（但墨子一生似乎在宋的时候多）。墨子的降生约略和孔子的逝世衔接。在战国及汉初，孔、墨是两位常被并称的大师，同以德智的崇高和信徒的广众为一般学人所敬仰，虽然汉以后孔子被人捧上神坛，而墨子则被人忘记了。就学术和生活而论，孔、墨却是相反的两极。孔子是传统制度的拥护者，而墨子则是一种新社会秩序的追求者。孔子不辞养尊处优，而墨子则是恶衣粗食，胼手胝足的苦行者。孔子不讲军旅之事，而墨子则是以墨守著名的战士。孔子是深造的音乐家，而墨子则以音乐为应当禁绝的奢侈。孔子不谈天道，而墨子则把自己的理想托为"天志"；孔子要远鬼神，而墨子则相信鬼神统治着人世。孔子卑视手艺，对于请"学稼""学圃"（种园）的弟子樊迟曾有"小人哉"之讥；而墨子则是机械巧匠，传说他曾创制过一只能自飞的木鸢。

在世界史上，墨子首先拿理智的明灯向人世作彻底的探照，首先替人类的共同生活作合理的新规划。他发现当前的社会充满了矛盾、愚昧，和自讨的苦恼。他觉得诸夏的文明实在没有多少值得骄傲的地方。他觉得大部分所谓礼义，较之从前骇沐（在越东，大约今浙江滨海一带）国人把初生的长子支解而食以求"宜弟"，及以新孀的祖母为接近不得的"鬼妻"而抛去不养等类习俗，实在是五十步之笑百步。看看诸夏的礼义是怎样的！为什么残杀一个人是死罪，另一方面，在侵略的战争中残杀成千成万的人却被奖赏，甚至受歌颂？为什么攘夺别人的珠玉以至鸡犬的叫做盗贼，而攘夺别人的城邑国家的却叫做元勋？为什么大多数的人民应当缩食节衣，甚至死于饥寒，以供统治者穷奢极欲的享乐？为什么一个人群统治权应当交给一家族世世掌握，不管他的子孙怎样愚蠢凶残？为什么一个贵人死了要把几十百的活人杀了陪葬？为什么一条死尸的打发要弄到贵室匮乏，庶人倾家？为什么一个人死了，他的子孙得在三年内做到或装成"哀毁骨立"的样子，叫做守丧？总之一切道德礼恪，一切社会制度，应当为的是什么？说也奇怪，这个人人的切身问题，自从我国有了文字记录以来，经过至少一二千年的漫漫长夜，到了墨子才把他鲜明地、斩截地、强聒不舍地提出，墨子死后不久，这问题又埋葬在二千多年的漫漫长夜中，到最近才再被掘起！

　　墨子的答案是很简单的，一切道德礼俗，一切社会制度应当是为着"天下之大利"，而不是一小阶级，一国家的私利。什么是天下的大利呢？墨子以为这只是全天下人都能安生遂生，继续繁殖，更具体地说，都能足食足衣，结婚育子。目前全天下人都能做到这一步了吗？不能。那么，墨子以为我们首先要用全力去做到这一步。至于这一步做到后怎办，墨子是没闲心去计及的。在做到这一步之前，任何人的享受，若超过遂生传种的最低限度需求，便是掠夺。"先天下之乐而乐"乃是罪恶。所以墨子和他的门徒实行极端的勤劳和节约。他们拿传说中沐雨栉风,为民治水,弄到腿上的毛都脱尽的大禹作榜样。他们的居室,茅茨不剪,木椽不斫;他们用土簋土碗,食藜藿的羹,和极粗的高粱饭;他们的衣服,夏用葛布,冬用鹿皮,结束得同囚犯一样。他们说,非如此够不上禹道,够不上做墨者。按照墨子所找出的一切社会制度的道德根据,好些旧日大家所默认的社会情形,其有无存在的理由,是不烦思索的。侵略的战争是违反"天下之大利"的,所以墨子提倡"非攻";统治阶级的独乐是违反"天下之大利"的,所以墨子提倡"节用";厚葬久丧是违反"天下之大利"的,所以墨子提倡桐棺三寸,"服丧三日"的礼制。王侯世袭和贵族世官世禄是违反"天下之大利"的,所以墨子设想一个合理的社会,在其中,大家选举全天下最贤的人做天子;天子又选些次贤的人做自己的辅佐;因为"天下……博大,远国异土之民是非利害之辩不可一二而明知",天子又将天下划分为万国,选各国中最贤的人做国君;国以下有"里",里以下有"乡";里长乡长各由国君选里中乡中最贤的人充任;乡长既然是乡中最贤的,那么全乡的人不独应当服从他的命令,并且得依着他的意志以为是非毁誉;等而上之,全天下人的是非毁誉都得依着天子的意志。如此则舆论和政令符合,整个社会像一副抹了油的机器,按着同一的方向活动。这便是墨子所谓"上同"。

"天下之大利"的反面是"天下之大害"。我们一方面要实现"天下之大利",一方面要消除"天下之大害"。墨子以为天下的大害,莫如大国之侵略小国,大家族之欺凌小家族,强者智者之压迫弱者愚者,以及一切伦常间的失欢失德,总而言之,即人与人的冲突。墨子推寻人们冲突的根本原因乃在彼此不相爱。假如人人把全人类看成与自己一体,那里还有争夺欺凌的事?所以墨子又提倡"兼爱",那就是说,对世上一切人都一视同仁地爱,不因亲疏而分差等。

反对墨家的人说道:兼爱诚然是再好不过的,可惜只是空想,不能实行!墨子答道:天下最苦的事,那里有超得过"赴汤蹈火"?然而赏罚和毁誉竟能使人甘之如饴。兼爱至少不是"赴汤蹈火"一般的苦事。反之,"爱人者人恒爱之",所得的报酬真是"一本万利"的。假如有以身作则的统治者拿奖励战死的精神奖励兼爱,拿惩罚逃阵的精神惩罚不兼爱,而社会的毁誉又从而援应之,那怕人民不"风行草偃"地趋向兼爱?所以"上同"是必要的。

在圣贤的统治之下,大众"兼相爱,交相利";"有余力以相劳,有余财以相分";"老而无妻子者有所待养以终其寿,幼弱孤童之无父母者有所放依以长其身";整个社会里,没有贫富劳逸的不均,没有浪费和窘迫的对照,没有嫉妒、愁怨或争夺,这便是墨子的理想社会。

墨学在汉以后虽无嗣音,它的精华已为一部分儒家所摄取。所谓"大同"的观念即儒家讲政治所达到的最高境界,见于战国末年所作的《礼运篇》中者,实以墨家言为蓝本。《礼运》说:"大道之行也，天下为公，选贤与能，讲信修睦。故人不独亲其亲，不独子其子，使老有所终，壮有所用，幼有所长，鳏寡孤独废疾者皆有所养。男有分，女有归。货恶其弃于地也，不必藏于己；力恶其不出于身也，不必为己。是故谋闭而不兴，盗窃乱贼而不作，故外户而不闭，是谓大同。"我们试拿这段话和上述墨子的理想比较，便知道它们的符合决不是偶然的。

墨子不独有建设一个新社会的理想并且在他的能力之内求它实现，他和他所领导的弟子三百余人便是他的理想的具体而微。

在战国的一切学派中，墨家是最特别的。法家者流不过是些异时异地，各不相谋的人物，后世因为他们的方术相同，给以一个共名而已。儒者虽然有时聚集于一个大师之下，也不成为什么组织。唯墨家则是一个永久的，有组织的团体。他的作用兼有技术的传授和职业的合作。这是一个"武士的行会"，它的事业，表面上像是和墨子的主义极端相反的，乃是战斗！不过墨子固然反对侵略的战争，却绝不是一个无抵抗主义者。他知道要消灭侵略的战争只有靠比侵略者更强顽的抵抗。所以他和弟子们讲求守御的技术，制造守御的器械，"以备世之急"。他们受君相禄养，替他们守城。墨家以外，给君相"保镖"为业的"侠士行会"，同时当尚有之，墨家的特色乃在奉行着一套主义，只替人守，不替人攻。平常墨者参加守御的战事固然是受雇的。但有时他们也自动打抱不平。前445年左右，公输般替楚国造"云梯"成，将用来攻宋。

墨子在鲁国闻讯，一面派弟子禽滑釐等三百余人带着守御器械在宋城上布防，一面步行十日十夜到鄢郢劝楚惠王罢兵，在惠王面前，墨子解带为城，以衣为械，和公输般表演攻守的技术，公输般攻城的机变出尽，而墨子守器有余，墨子又把禽滑釐等在宋的事实宣布，惠王只得罢兵。

像别的替君相保镖的游侠一般，墨者多半是从下层社会中来的。在同时的士大夫眼中墨子也只是一个"贱人"。这些"贱人"自然不会有儒家者流的绅士架子，他们的生活自然是朴陋的。它们的团体，像近世江湖的结帮一般，是"有饭大家吃，有钱大家化"的。这团体的领袖叫做"钜子"，是终身职，第一任钜子墨翟是大家拥护的，以后的钜子却大概是由前任指定。当墨家全盛时，这整个团体的意志统一在钜子之下。墨翟能使他的任何弟子"赴火蹈刃，死不旋踵"。这团体有特殊的法律，由钜子执行。现在仅得而知的，"墨者之法，杀人者死，伤人者刑"，绝无宽纵。墨子所提倡的种种社会理想，大致是墨者团体内所实行的，也许是以前同类的团体所已实行的。墨子的贡献也许是把这种团体的实际生活类推到极端，扩充到全人类，并且给以理论的根据。

墨子的死年不可确考，但必在前381年吴起之死以前。是年楚肃王穷治杀害吴起的贵族，其中有一个阳城君，墨者钜子和徒弟一百八十余人为他守邑抗官军而死。这钜子已不是墨翟而是孟胜。这一百八十余人的死无疑是墨家的一大损失。但它的损失还有更大的。墨子死后不久，墨家裂成三派，各自以为是正宗，不相上下，甚至互相倾轧。而墨子以后，墨家并没有十分伟大的领袖继起，如像儒家之有孟子、荀子，这也是墨家衰微原因。

秦帝国的建立与六国混一

吕不韦与嬴政

秦皇扫六合,虎视何雄哉!飞剑决浮云,诸侯尽西来。
明断自天启,大略驾群才。收兵铸金人,函谷正东开。
铭功会稽岭,骋望琅玡台。刑徒七十万,起土骊山隈。
尚采不死药,茫然使心哀!连弩射海鱼,长鲸正崔嵬。
额鼻象五岳,扬波喷云雷。鬐鬣蔽青天,何由睹蓬莱?
徐市载秦女,楼船几时回?但见三泉下,金棺葬寒灰!

(李白《古风》之一)

这首壮丽的诗是一个掀天揭地的巨灵的最好速写。这巨灵的来历,说来话长。

当长平之战前不久,有一个秦国王孙,名子楚的,被"质"在赵。他是太子安国君所生,却非嫡出,他的母亲又不得宠。因此赵人待他很冷薄,他连王孙的排场也苦于维持不住。但是阳翟(韩地)

大贾吕不韦在邯郸做买卖,一看见他,便认为是"奇货可居"。

不韦见子楚,说道:"我能光大你的门庭。"子楚笑道:"你还是去光大自己的门庭罢!却来光大我的!"不韦说:"你有所不知,我的门庭要等你的来光大。"子楚明白,便和他商量两家光大门庭的办法。原来安国君最爱幸的华阳夫人没有生育的希望,安国君还没有立嗣。不韦一面献上巨款,给子楚结交宾客,沽钓声名,一面挚了巨款,亲到秦国,替他运动。不久华阳夫人便收到许多子楚孝敬的珍宝,不久他便时常听到人称赞子楚的贤能,不久她的姊姊便走来替她的前途忧虑,大意说道:"妹妹现在是得意极了。但可曾想到色衰爱弛的一天?到时有谁可倚靠!就算太子爱你到老,他百岁之后,继位的儿子,要为自己母亲吐气,你的日子就不好过。子楚对你的孝顺,却是少有的。何不趁如今在太子跟前能够说话的时候,把他提拔,将来他感恩图报,还不是同自己的儿子一般?"华阳夫人一点头,子楚的幸运便决定。

不韦回到邯郸时,子楚已成了正式的王太孙。不韦也被任为他的师傅。他们成功之后,不免用美人醇酒来庆祝一番。邯郸在战国以美女著名。不韦的爱姬,尤其是邯郸美女的上选,妙擅歌舞。有次她也出来奉酒,子楚一见倾心,便要不韦把她相让。不韦气得要死,但一想过去的破费和将来的利益,只得忍气答应。赵姬既归子楚,不到一年(正当长平之战后一年),产了一子,即是后来做秦王和秦始皇帝的嬴政。当时传说,赵姬离吕家之时,已经孕了嬴政。但看后来不韦所受嬴政的待遇，这传说多半是谣言。

嬴政于前246年即王位，才十三岁。这时不韦是食邑十万户的文信侯，位居相国；他从前的爱妾，已做了太后，并且和他私续旧欢。不韦的权势可以想象。他的政治野心不小，他招贤礼士，养客三千，打算在自己手中完成统一的大业。但嬴政却不是甘心做傀儡的。他即位第九年，太后的姘夫嫪毐在咸阳反叛，他用神速的手段戡定了乱事以后，乘机把太后的政权完全褫夺；并且株连到吕不韦，将他免职，遣归本封的洛阳，过了两年，又把他贬到蜀郡。在忧忿夹攻之下，不韦服毒自杀。

不韦以韩人而执秦政，他所客养和援用的又多三晋人，和他结交的太后又是赵女。这种"非我族类"的势力是秦人所嫉忌的。不韦罢相的一年（秦王政十年），适值"郑国渠"事件发生，更增加秦人对外客的疑惧。郑国也是韩人，为有名的水利工程师。韩廷见亡国的大祸迫在眉睫，派他往秦，劝秦廷开凿一条沟通泾水和洛水的大渠，借此消磨秦的民力，延缓它的对外侵略。这渠才凿了一半，郑国的阴谋泄露。其后嬴政虽然听了郑国的话，知道这渠也是秦国的大利，把它完成，结果辟田百万多顷，秦国更加富强；但郑国阴谋的发现，使秦宗室对于游宦的外客振振有词。嬴政于是下了有名的"逐客令"，厉行搜索，要把外籍的游士统统赶走。这命令因为李斯的劝谏而取消。但不韦自杀后，嬴政到底把所有送他丧的三晋门客驱逐出境。可见逐客令是和不韦有关的，也可见不韦的坍台是和种族之见有关的。

六国混一

嬴政既打倒了吕不韦，收揽了秦国的大权，便开始图谋六国。

这时，六国早已各自消失了单独抗秦的力量。不过它们的合纵还足以祸秦。嬴政即位的第六年，秦国还吃了三晋和卫、楚的联军一次亏，当时大梁人尉缭也看到的，假如六国的君主稍有智慧，嬴政一不小心，会遭遇智伯、夫差和齐湣王的命运也未可知。但尉缭不见用于祖国，走到咸阳，劝嬴政道："愿大王不要爱惜财物，派人贿赂列国的大臣，来破坏他们本国的计谋，不过化三十万金，六王可以尽虏。"嬴政果然采纳了这策略。此后六国果然再不费一矢相助而静待嬴政逐个解决。

首先对秦屈服，希望以屈服代替牺牲，而首先受牺牲的是韩。秦王政十四年，韩王安为李斯所诱，对秦献玺称臣，并献南阳地。十七年秦的南阳守将举兵入新郑，虏韩王，灭其国。李斯赴韩之前，韩王派了著名的公子韩非入秦，谋纾国难，嬴政留非，想重用他。但不久听了李斯和另一位大臣的谗言，又把他下狱。口吃的韩非有冤没处诉，终于给李斯毒死在狱中。

韩亡后九年之间，嬴政以迅雷烈风的力量，一意东征，先后把其余的五国灭了。这五国的君主，连够得上说抵抗的招架也没有，鸡犬似的一一被缚到咸阳。只有侠士荆轲，曾替燕国演过一出壮烈的悲剧。

秦王政十九年，赵国既灭，他亲到邯郸，活埋了所有旧时母家的仇人；次年回到咸阳，有燕国使臣荆轲卑辞求觐，说要进献秦国逃将樊於期的首级和燕国最膏腴的地域督亢的地图。献图的意思就是要纳地。秦王大喜，穿上朝服，排起仪仗，立即传见。

荆轲捧着头函，副使秦舞阳捧着地图匣以次上殿。秦舞阳忽然股栗色变，廷臣惊怪，荆轲笑瞧了舞阳，上前解释道："北番蛮夷的鄙人，未曾见过天子，所以惶恐失措，伏望大王包容，俾得完成使事。"秦王索阅地图，荆轲取了呈上。地图展到尽处，匕首出现！

荆轲左手把着秦王的袖，右手抢过匕首，就猛力刺去，但没有刺到身上，秦王已断袖走开。秦王拔剑，但剑长鞘紧，急猝拔不出，荆轲追他，两人绕柱而走。秦廷的规矩，殿上侍从的人，不许带兵器，殿下的卫士，非奉旨不许上殿。秦王忙乱中没有想到殿下的卫士，殿上的文臣，哪里是荆轲的敌手。秦王失了魂似的只是绕着柱走。最后，侍臣们大声提醒了他，把剑从背后顺力拔出，砍断了荆轲的左腿。荆轲便将匕首向他掷去，不中，中铜柱。这匕首是用毒药练过的，微伤可以致命。荆轲受了八创，已知绝望，倚柱狂笑，笑了又骂，结果被肢解了。

风萧萧兮易水寒，
壮士一去兮不复还！

这是荆轲离开燕国之前，在易水边的别筵上，当着满座白衣冠的送客，最后唱的歌，也可以做他的挽歌。

荆轲死后六年（前221）当秦王政在位的第二十六年而六国尽灭。于是秦王政以一道冠冕堂皇的诏令，收结五个半世纪的混战局面，同时宣告新帝国的成立。那诏书道：

> ……异日韩王约地效玺，请为藩臣。寡人以为善，庶几息兵革。已而倍约，与赵、魏合从畔秦，故兴兵诛之，虏其王。赵王使其相李牧来约盟，故归其质子。已而倍盟，反我太原，故兴兵诛之，得其王。赵公子嘉乃自立为代王，故举兵击灭之。魏王始约服入秦。已而与韩、赵谋袭秦，秦兵吏诛，遂破之。荆王献青阳以西，已而畔约，击我南郡，故发兵诛得其王，遂定荆地。燕王昏乱，其太子丹乃阴令荆轲为贼，兵吏诛灭其国。齐王用后胜计绝秦使，欲为乱，兵吏诛虏其王，平齐地。

所有六国的罪状，除燕国的外，都是制造的。诏书继续说道：

> 寡人以眇眇之身，兴兵诛暴乱，赖宗庙之灵，六国咸伏其辜，天下大定。今名号不更，无以称成功传后世。其议帝号。……

在睥睨古今，踌躇满志之余，嬴政觉得一切旧有的君主称号都不适用了。

战国以前，人主最高的尊号是王，天神最高的尊号是帝。自从诸侯称王后，王已失了最高的地位，于是把帝拉下来代替，而别以本有光大之义的"皇"字称最高的天神。但自从东西帝之议起，帝在人间，又失去最高的地位了。很自然的办法，是把皇字挪下来。秦国的神话里有天皇、地皇、泰皇，而泰皇为最贵。于是李斯等上尊号作泰皇。但嬴政不喜欢这旧套，把泰字除去，添上帝字，合成"皇帝"；又废除周代通行的谥法（于君主死后，按其行为，追加名号，有褒有贬的），自称为"始皇帝"，预定后世计数为二世皇帝，三世皇帝，"至千万世，传之无穷"。

同时，始皇又接受了邹衍的学说，以为周属火德，秦代周，应当属克火的水德；因为五色中和水相配的是黑色，于是把礼服和旌旗皆用黑色；又因为四时中和水相配的是冬季，而冬季始自十月，于是改以十月为岁首。邹衍是相信政治的精神也随着五德而转移的。他的一些信徒认为与水德相配的政治应当是猛烈苛刻的政治，这正中始皇的心怀。

新帝国的经管

秦自变法以来，侵略所得的土地，大抵直隶君主，大的置郡，小的置县，郡县的长官都非世职，也无世禄。始皇沿着成例，每灭一国，便分置若干郡。而秦变法以来新设的少数封区，自从嫪毐和吕不韦的诛窜已完全消灭，既吞并了六国，秦遂成为一个纯粹郡县式的大帝国。当这帝国成立之初，丞相绾主张仿周朝的办法于燕、齐、楚等僻远的地方，分封皇子，以便镇慑，但他的提议给李斯打消了。于是始皇分全国为三十六郡，每郡置守，掌民政；置尉，掌兵事；置监御史，掌监察。这种制度是仿效中央政府的。当时朝里掌民政的最高官吏有丞相，掌兵事的最高官吏有太尉，掌监察的最高官吏有御史大夫。

这三十六郡的名称和地位是现今史家还没有完全解决的问题。大概的说，秦在开国初的境域，北边包括今辽宁的南部，河北、山西及绥远、宁夏两省的南部；西边包括甘肃和四川两省的大部分，南边包括湖南、江西和福建；东以福建至辽东的海岸为界。从前臣服于燕的朝鲜，也成为秦的藩属。此外西北和西南边外的蛮夷君长称臣于秦的还不少。我们试回想姬周帝国初建时，西则邦畿之外，便是边陲，南则巴蜀、吴、楚皆属化外，沿海则有徐戎、淮夷、莱夷盘踞，北则燕、晋已与戎狄杂处；而在这范围里，除了"邦畿千里"外，至少分立了一百三十以上的小国。我们拿这种情形和三十六郡一统的嬴秦帝国比较，便知道过去八九百年间，诸夏民族地盘的扩张，和政治组织的进步了。峄山的始皇纪功石刻里说：

> 追念乱世，分土建邦，以开争理。攻战日作，流血于野。自泰古始，陊及五帝，莫能禁止。乃今皇帝，壹家天下，兵不复起。灾害灭除，黔首康定，利泽长久。

这些话一点也没有过火。

在这幅员和组织都是空前的大帝国里，怎样永久维持皇室的统治权力，这是始皇灭六国后面对着的空前大问题，且看他如何解答。

帝国成立之初，始皇令全国"大酺"来庆祝（秦法平时是禁三人以上聚饮的）。当众人还在醉梦的时候，他突然宣布没收民间一切的兵器。没收所得，运到咸阳，铸成无数大钟，和十二个各重一千石以上的"金人"，放在宫廷里。接着他又把全国最豪富的家族共十二万户强迫迁到咸阳，放在中央的监视之下，没有兵器，又没有钱财，人民怎能够作得起大乱来？

次年，始皇开始一件空前的大工程：建筑脉通全国的"驰道"，分两条干线，皆从咸阳出发，其一东达燕、齐，其一南遂吴、楚。道宽五十步，道傍每隔三丈种一株青松，路身筑得坚而且厚，遇着容易崩坏的地段，并且打下铜桩。这宏大的工程，乃是始皇的军事计划的一部分。他灭六国后防死灰复燃，当然不让各国余剩的军队留存。但偌大的疆土若把秦国原有的军队处处分派驻守，则分不胜分。而且若分得薄，一旦事变猝起，还是不够应付；若分得厚,寖假会造成外重内轻的局面。始皇不但不肯采用重兵驻防的政策。并且把旧有六国的边城,除燕、赵北边的外,统统拆毁了。他让秦国原有的军队,依旧集中在秦国的本部,少数的地方兵只是警察的性质。驰道的建筑,为的是任何地方若有叛乱,中央军可以迅速赶到去平定。历来创业之主的军事布置没有比始皇更精明的了。(1896年李鸿章聘使欧洲,过德国,问军事于俾斯麦,他的劝告有云:"练兵更有一事须知:一国的军队不必分驻,宜驻中权,扼要地,无论何时何地,有需兵力,闻令即行,但行军的道路,当首先筹及。"这正是秦始皇所采的政策。)

武力的统治不够,还要加上文化的统治;物质的缴械不够,还要加上思想的缴械。始皇三十四年(始皇即帝位后不改元,其纪年通即王位以来计),韩非的愚民政策终于实现。先是始皇的朝廷里,养了七十多个儒生和学者,叫做博士。有一次某博士奉承了始皇一篇颂赞的大文章,始皇读了甚为高兴,另一位博士却上书责备作者的阿谀,并且是古非今地对于郡县制度有所批评。始皇征问李斯的意见。李斯覆奏道:

> 古者天下散乱,莫之能一。是以诸侯并作,语皆道古以害今,饰虚言以乱实,人善其所私学,以非上所建立。今陛下并有天下,辨白黑而定一尊。而私学乃相与非法教人,闻令下,即各以其私学议之,入则心非,出则巷议,非主以为

> 名,异趣以为高,率群下以造谤。如此不禁,则主势降乎上,党与成乎下。禁之便。臣请史官非秦纪者,皆烧之。非博士官所职,天下敢有藏诗书百家语者,悉诣守尉杂烧之。有敢偶语诗书,弃市。以古非今者,族。吏见知不举者,与同罪。令下三十日不烧,黥为城旦(城旦者,旦起行治城,四岁刑),所不去者,医药、卜筮、种树之书。若有欲学,以吏为师。

始皇轻轻地在奏牍上批了一个"可"字,便造成了千古叹恨的文化浩劫。

以上讲的是始皇内防反侧的办法。现在再看他外除边患的努力。

自从战国中期以来,为燕、赵、秦三国北方边患的有两个游牧民族,东胡和匈奴——总名为胡。东胡出没于今河北的北边,和辽宁、热河一带,受它寇略的是燕、赵。匈奴出没于今察哈尔、绥远,和山西、陕、甘的北边一带,燕、赵、秦并受他寇略。这两个民族,各包涵若干散漫的部落,还没有统一的政治组织。它们在战国中期以前的历史十分茫昧。它们和春秋时代各种名色的戎狄似是同一族类,但是否这些戎狄中某部分的后身,否则和各种戎狄间的亲谊是怎样,现在都无从稽考了。现在所知道秦以前的胡夏的关系史只有三个攘胡的人物的活动。第一个是和楚怀王同时的赵武灵王。他首先采用胡人的特长,来制胡人;首先脱却长裙拖地的国装,而穿上短衣露袴的胡服,以便学习骑战。他领着新练的劲旅，向沿边的匈奴部落进攻，把国土向西北拓展；在新边界上，筑了一道长城，从察哈尔的蔚县东北（代）至河套的西北角外（高阙）；并且沿边设了代、雁门和云中三郡。第二个攘胡的英雄是秦舞阳（随荆轲入秦的副使）的祖父秦开。他曾被"质"在东胡，甚得胡人的信任。归燕国后，他率兵袭击东胡，把他们驱逐到一千多里外。这时大约是乐毅破齐前后。接着燕国也在新边界上筑一道长城，从察哈尔宣化东北（造阳）至辽宁辽阳县北（襄平）；并且沿边设了上谷、渔阳、右北平、辽西和辽东五郡。秦开破东胡后，约莫三四十年，赵有名将李牧，戍雁门、代郡以备胡。他经了长期敛兵坚守，养精蓄锐，然后乘着匈奴的骄气，突然出战，斩了匈奴十多万骑，此后十几年间，匈奴不敢走近赵边。

当燕、赵对秦作最后挣扎时，无暇顾及塞外。始皇初并六国忙着辑绥内部，也暂把边事抛开。因此胡人得到复兴的机会。旧时赵武灵王取自匈奴的河套一带，复归于匈奴。始皇三十二年，甚至听到"亡秦者胡"的谶语。于是始皇派蒙恬领兵三十万北征。不久把河套收复，并且进展至套外，始皇将新得的土地，设了九原郡。为谋北边的一劳永逸，始皇于三十三四年间，又经始两件宏大的工程：其一是从河套外的九原郡治，筑了一条"直道"达到关内的云阳（今陕西淳化县西北，从此至咸阳有泾、渭可通），长一千八百里；其二是把燕、赵北界的长城，和秦国旧有的西北边城，大加修葺，并且把它们连接起来，傍山险，填溪谷，西起陇西郡的临洮（今甘肃岷县境），东迄辽东郡的碣石（在渤海岸朝鲜境），成功了有名的"万里长城"。

始皇的经营北边有一半是防守性质，但他的开辟南徼，则是纯粹的侵略。

现在的两广和安南，在秦时是"百越"（越与粤通）种族所居。这些种族和浙江的於越，大约是同出一系的，但文化则较于越远为落后。他们在秦以前的历史完全是空白。在秦时，他们还过着半渔猎，半耕稼的生活；他们还仰赖中国的铜铁器，尤其是田器。他们还要从中国输入马、牛、羊，可见牧畜业在他们中间还没发达。不像北方游牧民族的犷悍，也没有胡地生活的艰难，他们绝不致成为秦帝国的边患。但始皇却不肯放过他们。灭六国后不久（二十六年？）即派尉屠睢领着五十万大军去征百越，并派监禄凿渠通湘、漓二水，（漓水是珠江的上游）以便输运。秦军所向无敌，越人逃匿于深山丛林中。秦军久戍，粮食不继，士卒疲饿。越人乘机半夜出击，大败秦军，杀屠睢。但始皇续派援兵，终于在三十三年，把百越平定，将他们的土地，分置南海郡、桂林郡和象郡（南海郡略当今广东省，桂林郡略当广西省，象郡略当安南中北部），百越置郡之后，当时中国人所知道的世界差不多完全归到始皇统治之下了。琅玡台的始皇纪功石刻里说：

> 六合之内，皇帝之土。西涉流沙，南尽北户，东有东海，北过大夏。人迹所至，无不臣者。

至是竟去事实不远了。

以上所述一切对外对内的大事业，使全国瞪眼咋舌的大事业，是始皇在十年左右完成的。

节选自《中国史纲》。

汉武帝开拓的新时代

武帝开拓事业的四时期

武帝一朝对待外族的经过，可分为四期。

（1）第一期包括他初即位的六年（前141至前135），这是承袭文景以来保境安民政策的时期。武帝即位，才十六岁，太皇太后窦氏掌握着朝政。这位老太太是一个坚决的"黄老"信徒。有她和一班持重老臣的掣肘，武帝只得把勃勃的雄心暂时按捺下去。当建元三年（前138）闽越围攻东瓯（今浙江东南部），武帝就对严助说："太尉不足与计，吾新即位，不欲出虎符发兵郡国。"结果，派严助持"节"去向会稽太守请兵，"节"并不是发兵的正式徽识，严助几乎碰了钉子。在这一期里，汉对匈奴不但继续和亲，而且馈赠格外丰富，关市的贸易也格外起劲；可是武帝报仇雪耻的计划早已决定了。他派张骞去通使西域就在即位的初二年间。

（2）第二期从建元六年窦太后之死至元狩四年大将军霍去病

之兵临瀚海,凡十六年(前135至前119),这是专力排击匈奴的时期。

窦氏之死,给汉朝历史划一新阶段。她所镇抑着的几支历史暗流,等她死后,便一齐进涌,构成卷括时代的新潮。自她死后,在学术界里,黄老退位,儒家的正统确立;政府从率旧无为变而发奋兴作,从对人民消极放任变而为积极干涉。这些暂且按下不表。现在要注意的是汉廷的对外政策从软弱变而为强硬。她死后的次年,武帝便派重兵去屯北边;是年考试公卿荐举"贤良",所发的问题之一,便是"周之成康……德及鸟兽,教通四海,海外肃慎,……氐、羌徕服。……呜呼,何施而臻此欤"?次年,便向匈奴寻衅,使人诈降诱单于入塞,同时在马邑伏兵三十万骑,要把单于和他的主力一举聚歼。这阴谋没有成功,但一场狠斗从此开始。

晁错的估量是不错的。只要汉廷把决心立定,把力量集中,匈奴绝不是中国的敌手计在这一期内。汉兵凡九次出塞挞伐匈奴,前后斩虏总在十五万人以上,只最后元狩四年(前119)的一次,也是最猛烈的一次,就斩虏了八九万人。先是元狩二年(前121),匈奴左地的昆邪王惨败于霍去病将军之手,单于大怒,要加诛戮,他便投降汉朝,带领去的军士号称十万,实数也有四万多。光在人口方面,匈奴在这一期内,已受了致命的打击(匈奴比不得中国,便遭受同数目的耗折也不算一回事。计汉初匈奴有控弦之士三十万,后来纵有增加,在此期内壮丁的耗折总在全数一半以上)。在土地方面,匈奴在这一期内所受的损失也同样的大。秦末再度沦陷于匈奴的河套一带(当时称为"河南")给将军卫青恢复了。武帝用《诗经》中赞美周宣王征伐猃狁,"出车彭彭,城彼朔方"的典故,把新得的河套地置为朔方郡;以厚酬召募人民十万,移去充实它;又扩大前时蒙恬所筑凭黄河为天险的边塞。从此畿辅才不受匈奴的威吓。后昆邪王降汉,又献上今甘肃西北的"走廊地带"(中包括月氏旧地),为匈奴国中最肥美的一片地。武帝把这片地设为武威、酒泉两郡(后来又从中分出张掖、敦煌两郡,募民充实之)。从此匈奴和氐羌(在今青海境)隔绝,从此中国和西域乃得直接交通,从此中国自北地郡以西的戍卒减去一半。后来匈奴有一首歌谣,纪念这一次的损失道(依汉人所译):

失我焉耆(蒸支)山,
使我妇女无颜色!
失我祁连山,
使我六畜不蕃息!

最后在元狩四年的一役,匈奴远遁至瀚海以北,汉把自朔方渡河以西至武威一带地(今宁夏南部,介于绥远和甘肃间地)。也占领了,并且在这里开渠屯田,驻吏卒五六万人(惟未置为郡县),更渐渐的向北蚕食。是年武帝募民七十余万充实朔方以南一带的边境。

（3）元狩五年至太初三年，凡十七年（前118至前102）间，是武帝对外的第三期。在这一期内，匈奴既受重创，需要休息，不常来侵寇；武帝也把开拓事业转向别方：先后征服了南越、西南夷、朝鲜，皆收为郡县；从巴蜀开道通西南夷，役数万人；戡定闽越，迁其种族的一大部分于江淮之间，并且首次把国威播入西域。

西域在战国时是一神话的境地，屈原在《招魂》里描写道：

> 西方之害，流沙千里些！
> 旋入雷渊，麋散而不可止些！
> 幸而得脱，其外旷宇些！
> 赤蚁若象，玄蜂若壶些！
> 五谷不生，藂菅是食些！
> 其土烂人，求水无所得些！

一直到张骞出使之时，汉人还相信那里的昆仑山，为日月隐藏之所，其上有仙人西王母的宫殿和苑囿。对这神话的境界武帝首先作有计划的开拓。武帝在即位之初，早已留意西域。先时月氏国给匈奴灭了以后，一部分的人众逃入西域，占据了塞国（今伊犁一带），驱逐了塞王，另建一新国，是为大月氏（余众留敦煌、祁连间为匈奴役属的叫做小月氏），对于匈奴，时图报复。武帝从匈奴降者的口中得到这消息，便想联络月氏，募人去和它通使。汉中人张骞应募。这使事是一件很大的冒险。是时汉与西域间的交通孔道还是在匈奴掌握中，而西域诸国多受匈奴的命令。张骞未入西域，便为匈奴所获，拘留了十多年；他苦心保存着所持的使"节"，终于率众逃脱。这十多年中，西域起了一大变化。先前有一个游牧民族，叫做乌孙的，在胡月氏国西；给月氏灭了。他们投奔匈奴，被收容着，至是，受了匈奴的资助，向新月氏国猛攻。月氏人被迫作第二次的逃亡，又找到一个富厚而文弱的国家——大夏（今阿富汗斯坦）——把它鸠居鹊巢地占据了；遗下塞国的旧境为乌孙所有。张骞到大夏时，月氏人已给舒服的日子软化了，再不想报仇；张骞留居年余，不得要领而返，复为匈奴所获，幸而过了年余，单于死，匈奴内乱，得间逃归。骞为人坚忍、宽大、诚信，甚为蛮夷所爱服。他出国时同行的有一百多人，去了十三年，仅他和一个胡奴堂邑父得还。这胡奴在路上给他射鸟兽充饥，否则他已经绝粮死了。

张骞自西域归还，是轰动朝野的大事。他给汉人的政治、商业和文化开了一道大门。后来印度佛教的输入，就是取道西域的。这我国史上空前的大探险，不久成了许多神话的挂钉。《张骞出关志》、《海外异物记》等类夸诞的书，纷纷的堆到他名下。这些可惜现在都失传了。

张骞第二次出使是在元狩四年，匈奴新败后。这回的目的是乌孙。原来乌孙自居塞地国势陡强,再不肯朝事匈奴,匈奴派兵讨它,不胜,从此结下仇隙。张骞向武帝献计:用厚赂诱乌孙来归旧地(敦煌祁连间),并嫁给公主,结为同盟,以断"匈奴右臂";乌孙既归附,则在它西边大夏(即新月氏)等国皆可收为外藩。武帝以为然,因派张骞再度出使。这回的场面比前次阔绰得多。受张骞统率的副使和将士共有三百多人,每人马二匹,带去牛羊以万数,金币价值"巨万(万万)"。骞至乌孙,未达目的,于元鼎二年(前115)归还,过了年余便死。但乌孙也派了一行数十人跟他往汉朝报谢。这是西域人第一次来到汉朝的京都,窥见汉朝的伟大。骞死后不久,他派往别些国的副使也陆续领了报聘的夷人回来;而武帝继续派往西域的使者也相望于道,每年多的十几趟,少的也五六趟,每一行大的几百人,小的也百多人,携带的礼物也大致同张骞时一般。于时请求出使西域,或应募前往西域,成了郡国英豪或市井无赖的一条新辟的出路。西域的土产,如葡萄、苜蓿、石榴等植物;音乐如摩诃、兜勒等曲调,成了一时的风尚。乌孙的使人归去,宣传所见所闻,乌孙由此重汉;匈奴闻它通汉,要讨伐它。乌孙恐惧,乃于元封初年(前110)实行和汉室联婚,结为兄弟。但匈奴闻讯,也把一个女儿送来,乌孙王也不敢拒却,也就一箭贯双雕地做了两个敌国的女婿。中国在西域占优势乃是元封三年至太初三年(前108至前102)间对西域的两次用兵以后的事。第一次用兵是因为当路的楼兰、姑师两小国,受不了经过汉使的需索和骚扰,勾通匈奴,攻劫汉使;结果,楼兰王被擒,国为藩属;姑师兵败国破,虽尚崛强,其后二十年(前89)终被武帝征服。第二次用兵因为大宛国隐匿着良马,不肯奉献;结果在四年苦战之后,汉兵包围大宛的都城,迫得宛贵人把国王杀了投降。楼兰、姑师尚近汉边,大宛则深入西域的中心。大宛服,而汉的声威振撼西域,大宛以东的小国纷纷遣派子弟,随着凯旋军入汉朝贡,并留以为质。于是汉自敦煌至罗布泊之间沿路设"亭"(驿站);又在渠犁国驻屯田兵数百人,以供给使者。

自汉结乌孙,破楼兰,降大宛,匈奴渐渐感到西顾之忧。初时东胡为匈奴所灭后,其余众分为两部:一部分退保鲜卑山,因号为鲜卑;一部分退保乌桓山,因号乌桓(二山所在,不能确指,总在辽东塞外远北之地)。汉灭朝鲜后,又招来乌桓,让它们居住在辽东、辽西、右北平、渔阳、上谷五郡的塞外。从此匈奴又有东顾之忧。元封六年(前105)左右,匈奴大约因为避与乌桓冲突,向西退缩;右部从前和朝鲜辽东相接的,变成和云中郡相当对;定襄以东,无复烽警,汉对匈奴的防线减短了一半。

武帝开拓事业,也即汉朝的开拓事业,在这第三期,已登峰造极。计在前一期和这一期里,他先后辟置了二十五新郡;此外他征服而未列郡的土地尚有闽越西域的一部分,和朔方以西武威以东一带的故匈奴地。最后一批的新郡,即由朝鲜所分的乐浪、临屯、玄菟、真番四郡(四郡占朝鲜半岛偏北的大部分及辽宁省的一部分。此外在半岛的南部尚有马韩、弁韩、辰韩三族谓之三韩，包涵七十八国，皆臣属于汉），置于元封三年（前108）。越二年，武帝把手自扩张了一倍有余的大帝国，重加调整，除畿辅及外藩，分为十三州，每州设一个督察专员，叫做"刺史"。这是我国政治制度史上一个重要的转变。

刺史的制度，渊源于秦朝各郡的监御史。汉初，这一官废了；有时丞相遣使巡察郡国，那不是常置的职官。刺史的性质略同监御史，而所监察的区域扩大了。秦时监御史的职权不可得而详。西汉刺史的职权是以"六条"察事，举劾郡国的守相。那"六条"是：

1. 强宗豪右田宅逾制，以强凌弱，以众暴寡。

2. 二千石（即食禄"二千石"的官，指郡国的守相）不奉诏书，倍公向私，旁诏牟利，侵渔百姓，聚敛为奸。

3. 二千石不恤疑狱，风厉杀人，怒则任刑，喜则任赏，烦扰刻暴，剥削黎元，为百姓所疾；山崩石裂，妖祥讹言。

4. 二千石选署不平，苟阿所爱，蔽贤宠顽。

5. 二千石子弟，怙倚荣势，请托所监。

6. 二千石违公下比，阿附豪强，通行货赂，割损政令。

第一和第六条的对象都是"豪宗强右"——即横行乡曲的地主。这一流人在当时社会上的重要和武帝对他们的注意可以想见了。

（4）武帝对外的第四期——包括他最后的十五年（前101至前87）。在这一期，匈奴巨创稍愈，又来寇边。而中国经了三四十年的征战，国力已稍疲竭，屡次出师报复，屡次失利。最后，在征和三年（前90）的一役，竟全军尽覆，主帅也投降了。祸不单行，是年武帝又遭家庭的惨变，太子冤死。次年，有人请求在西域轮台国添设一个屯田区，武帝在心灰意冷之余，便以一道忏悔的诏书结束他一生的开拓事业，略谓：

> 前有司奏欲益民赋三十（每口三十钱）助边用。是重困老弱孤独也。而今又请田轮台！……乃者贰师（李广利）败，军士死略离散，悲痛常在朕心。今请远田轮台，欲起亭隧，是扰劳天下，非所以优民也。今朕不忍闻。……当今务在禁苛暴，止擅赋，力本农，修马复令（马复令谓许民因养马以免徭役之令），以补缺，毋乏武备而已。

又二年，武帝死。

不过这一期中匈奴的猖獗只是"回光返照"的开始。在武帝死后三十四年内（前86至前53），匈奴天灾人祸，外灾内忧，纷至沓来，弄成它向汉稽首称臣为止。其间重要的打击凡三次。第一次（前72），匈奴受汉和乌孙夹攻，人畜的丧亡已到了损及元气的程度；单于怨乌孙，自将数万骑去报复，值天大雪，一日深丈余，全军几尽冻死；于是乌孙从西面，乌桓从东面，丁令又从北面，同时交侵，人民死去什三，畜产死去什五；诸属国一时瓦解。又一次（前68）闹大饥荒，据说人畜死去什六七。最后一次，国内大乱，始则五单于争立，终乃则呼韩与郅支两单于对抗；两单于争着款塞纳降，为汉属国，并遣子入侍。后来郅支为汉西域都护所杀，匈奴重复统一，但终西汉之世，臣服中国不改。跟着匈奴的独立而丧失的是它在西域的一切宗主权。它的"僮仆都尉"给汉朝的西域都护替代了。都护驻乌垒国都（今新疆库车），其下有都尉分驻三十一国。

武帝的新经济政策

武帝的开拓事业，论范围，论时间，都比秦始皇的加倍；费用自然也加倍。军需和边事有关的种种工程费，募民实边费（徙民衣食仰给县官数年，政府假与产业），犒赏和给养降胡费，使节所携和来朝蛮夷所受的遗赂——这些不用说了。光是在元朔五六年（前124至前123）间对匈奴的两次胜利，"斩捕首虏"的酬赏就用去黄金二十余万斤。武帝又厉行水利的建设。先后在关中凿渠六系：其中重要的是从长安引渭水傍南山下至黄河，长三百余里的运渠；为郑国渠支派的"六辅渠"；和连接泾渭长二百余里的白公渠。又尝凿渠通褒水和斜水长五百余里，以联络关中和汉中；可惜渠成而水多湍石，不能供漕运之用。这些和其他不可胜述的水利工程，又是财政上一大例外的支出。加以武帝笃信幽冥，有神必祭，大礼盛典，几无虚岁。又学始皇，喜出外巡行，却比始皇使用更豪爽。元封元年第一次出巡，并登封泰山，所过赏赐，就用去帛百余万匹，钱以"巨万"（万万）计。可是武帝时代的人民，除商贾外，并不曾感觉赋税负担的重增。这真仿佛是一件奇迹。

汉朝的赋税是例外地轻的，在武帝以前只有四项。一是田租：自景帝以后确定为三十税一。二是算赋和口赋：每人从十五岁至五十六岁年纳百二十钱，商人与奴婢加倍，这叫做算赋；每人从三岁至十四岁的，年纳二十钱，这叫做口赋。三是郡国收来贡给皇帝的献费：每人年纳六十三钱；四是市租：专为工商人而设的。这些赋税当中，只有口赋武帝加增了三钱，其余的他不曾加增过分文。此外他只添了两种新税，一是舟车税：民有的轺（小车）车纳一算（百二十钱），商人加倍；船五丈以上一算。二是工商的货物税：商家的货品，抽价值的百分之六（缗钱二千而一算），工业的出品减半，这叫做"算缗钱"（货物的价值听纳税者自己报告，报不实或匿不报的，罚戍边一年，财产没收，告发的赏给没收财产的一半，这叫做"告缗"）。无论当时悭吝的商人怎样叫苦连天（据说当时中产以上的商人大抵因"告缗"破家），这两种新税总不能算什么"横征暴敛"。

那么武帝开边的巨费大部分从何而出呢？除了增税，除了鬻爵（民买爵可以免役除罪，武帝前已然。武帝更设"武功爵"买至五级的可以补官），除了募民入财为"郎"，入奴婢免役；除了没收违犯新税法的商人的财产（据说政府因"告缗"所得，财产以亿计,奴婢以万计;田,大县数百顷,小县百多顷;宅亦如之)外;武帝的生财大道有二:新货币政策的施行和国营工商业的创立。

(1)武帝最初的货币政策,是发行成本低而定价高的新币。以白鹿皮方尺,边加绘绣,为皮币,当四十万钱,限王侯宗室朝觐聘享必须用作礼物。又创铸银锡合金的货币大小凡三种:龙文,图形,重八两三的当三千;马文,方形的当五;龟文,椭圆形的当三百。又把钱改轻,令县官镕销"半两钱",更铸"三铢钱";后因三铢钱轻小易假,令更铸"五铢钱"。又由中央发行一种"赤灰钱"(赤铜做边的),以一当五,限赋税非赤灰钱不收。但银币和赤灰钱,因为低折太甚,终于废弃。而其他的钱币,因为盗铸者众,量增价贱。于是武帝实行币制的彻底改革。一方面集中货币发行权:禁各地方政府铸钱。一方面统一法币:由中央另铸新钱,把前各地方所造质量参差的旧钱收回镕销。因为新钱的质量均高,小规模的盗铸无利可图,盗铸之风亦息。汉朝的币制到这时才达到健全的地步。集中货币发行权利和统一法币的主张是贾谊首先提出的。

(2)武帝一朝所创的国家企业可分为两类:一、国营专利的实业;二、国营非专利的商业。

国营专利的实业,包括盐、铁和酒。酒的专利办法是由政府开店制造出售,这叫做"榷酤"盐的专利办法是由"盐官"备"牢盆"等类煮盐器具,给盐商使用,而抽很重的税,同时严禁民私造煮盐器具。铁的专利办法是由政府在各地设"铁官"主办铁矿的采冶及铁器的铸造和售卖。盐铁官多用旧日的盐铁大贾充当。

国营非专利的商业有两种。其一是行于各地方的。以前郡国每年对皇帝各要贡献若干土产。这些贡品有的因为道路遥远,还不够抵偿运费,有的半途坏损了。有人给武帝出了一条妙计:让这些贡品不要直运京师,就拿来做货本,设官经理,运去行市最高的地方卖了,得钱归公。这叫做"均输"。其二是行于京师的。武帝在长安设了一所可以叫做"国立贸易局",网罗天下货物,"贱则买,贵则卖"。这叫做"平准"。当时许多商人之被这贸易局打倒是可想见的。

均输平准和盐铁专利终西汉之世不变。惟榷酤罢于武帝死后六年(前81年)。是年郡国所举的"贤良文学"议并罢盐铁专卖。主持这些国营实业的桑弘羊和他们作了一次大辩论。这辩论的记录便是现存的《盐铁论》。

节选自《中国史纲》。

儒家的正统地位之确立

儒家在汉朝成立之初,本已开始崭露头角。高帝的"从龙之彦",固然多数像他自己一般是市井的无赖,但其中也颇有些知识分子。单讲儒者就有曾著《新语》十一篇,时常强聒给高帝讲说《诗》、《书》的陆贾;有曾为秦博士,率领弟子百余人降汉的叔孙通;而高帝的少弟刘交(被封为楚王),乃是荀卿的再传弟子,《诗》学的名家。高帝即位后,叔孙通奉命和他的弟子,并招鲁国儒生三十多人,共同制作朝仪。先时,群臣都不懂什么君臣的礼节,他们在殿上会饮,往往争论功劳;醉了,就大叫起来,拔剑砍柱。朝仪既定,适值新年,长乐宫也正落成,群臣都到那边朝贺。天刚亮,他们按着等级。一班班的被谒者引进殿门,那是朝廷中早已排列了车骑,陈设了兵器,升了旗帜。殿上传一声"趋!"殿下的郎中们数百人就夹侍在阶陛的两旁;功臣、列侯、诸将军、军吏都向东站立;文官丞相以下都向西站立。于是皇帝坐了辇车出房,百官传呼警卫;从诸侯王以下,直到六百石的吏员依了次序奉贺,他们没一个不肃敬震恐的。到行礼完毕，又在殿上置酒，他们都低着头饮酒，没有一个敢喧哗失礼的。斟酒到第九次，谒者高唱"罢酒"，他们都肃静地退出。高帝叹道："我到今天才知道皇帝的尊贵呢！"于是拜叔孙通为太常（掌宗庙礼仪，诸博士即在其属下，故亦名太常博士），赐金五百斤。他的助手各有酬庸，不在话下。高帝本来轻蔑儒者，初起兵时，有人戴了儒冠来见，总要把解下来，撒一泡尿在里边。但经过这回教训，他对于儒者不能不另眼相看了。后来他行经鲁国境，竟以太牢祀孔子。

高帝死后，儒家在朝中一点势力的萌芽，虽然给道家压倒，但在文景两朝，儒家做博士的也颇不少；儒家典籍置博士可考者有《诗》、《春秋》、《论语》、《孟子》、《尔雅》等。而诸侯王中如楚元王交、河间献王德皆提倡儒术，和朝廷之尊崇黄老，相映成趣。元王好《诗》，令诸子皆读《诗》；并拜旧同学申公等三位名儒为中大夫。献王兴修礼乐，征集儒籍，立《毛氏诗》、《左氏春秋》博士；言行谨守儒规。山东的儒者多跟随着他。

武帝为太子时的少傅就是申公的弟子王臧，武帝受儒家的薰陶是有素的。他初即位时，辅政的丞相窦婴（窦太皇太后的侄子）和太尉田蚡（武帝的母舅），皆好儒术；他们推荐乃王臧为郎中令——掌宿宫殿门户的近臣，又推荐了王臧的同学赵绾为御史大夫。在这班儒家信徒的怂恿之下，武帝于即位的次年（建元元年）诏丞相、御史大夫、列侯、诸侯王相等荐举"贤良方正直言极谏之士"

来朝廷应试。这次征举的意思无疑地是要网罗儒家的人才。广川大儒董仲舒在这次廷试中上了著名的"天人三策"。在策尾,他总结道:

> 《春秋》大一统者,天地之常经,古今之通谊也。今师异道,人异论,百家殊方;指意不同,是以上无以持一统;法制数变,下不知所守。臣愚以为诸不在六艺之科,孔子之术者,皆绝其道,勿使并进。邪辟之说灭息,然后统纪可一,而法度可明,民知所从矣。

同时丞相卫绾也奏道:

> 所举贤良或治申、商、韩非、苏秦、张仪之言,乱国政,请皆罢。

这奏给武帝批准了。卫绾不敢指斥黄老,因为窦太皇太后的势力仍在,但仲舒所谓"诸不在六艺之科,孔子之术者"。则把黄老也包括在内了。当文景时代,太常博士有七十多人,治《五经》及"诸子百家"的均有。经董、卫的建议,武帝后来把不是治儒家《五经》的博士,一概罢黜了,这是建元五年(前136)的事。

武帝又听王臧、赵绾的话,把申公用"安车蒲轮"招请了来,准备做一番制礼作乐的大事业,和举行一些当时儒者所鼓吹的盛大的宗教仪式。

儒家的张皇生事已够使窦老太太生气的了。更兼田蚡等,把窦氏宗室中无行的人,除了贵族的名籍,又勒令住在长安的列侯各归本国——住在长安的列侯大部分是外戚,且娶公主,不是窦老太太的女婿,便是她的孙婿,都向他诉怨。建元二年,赵绾又请武帝此后不要向窦氏后奏事。她忍无可忍,便找寻了赵绾、王臧的一些过失,迫得武帝把他们下狱,结果他们自杀。同时窦婴、田蚡也被免职,申公也被送回老家去了,但过了四年,窦老太太寿终内寝,田蚡起为丞相。儒家终底抬头而且从此稳坐了我国思想史中正统的宝座。

儒家之成为正统也是事有必至的。要巩固大帝国的统治权非统一思想不可,董仲舒已说得非常透彻。但拿什么做统一的标准呢?先秦的显学不外儒、墨、道、法。墨家太质朴,太刻苦了,和当时以养尊处优为天赋权利的统治阶级根本不协。法家原是秦自孝公以来国策的基础,秦始皇更把他的方术推行到"毫发无遗憾"。正唯如此,秦朝昙花般的寿命和秦民刻骨的怨苦,使法家此后永负恶名。贾谊在《过秦论》里,以"繁刑严诛,吏治刻深"为秦的一大罪状。这充分的代表了汉初的舆论。墨、法既然都没有被抬举的可能,剩下的只有儒、道了。道家虽曾煊赫一时,但那只是大骚乱后的反动。它在大众(尤其是从下层社会起来的统治阶级）的意识里是没有基础的，儒家却有之。大部分传统信仰，像尊天敬鬼的宗教和孝弟忠节的道德，虽经春秋战国的变局，并没有根本动摇，仍为大众的良心所倚托。道家对于这些信仰，非要推翻，便存轻视；但儒家对之，非积极拥护，便消极包容。和大众的意识相冰炭的思想系统是断难久据要津的。况且道家放任无为的政策，对于大帝国组织的巩固是无益而有损的。这种政策经文帝一朝的实验，流弊已不可掩。无论如何，在外族窥边，豪强乱法，而国力既充，百废待举的局面之下，"清静无为"的教训自然失却号召力。代道家而兴的自非儒家莫属。

武帝虽然推崇儒家，却不是一个儒家的忠实信徒。他所最得力的人物，不是矩范一代的真儒董仲舒（仲舒应举后，即出为江都相，终身不在朝廷），也不是"曲学阿世"的伪儒公孙弘（虽然弘位至丞相）；而是"以峻文决理著"，"以鹰隼击杀显"的酷吏义纵、王温舒……之徒，是商人出身的搜括能手桑弘羊、孔仅等。在庙谟国计的大节上，他受儒家的影响甚小，儒家说，"远人不服，则修文德以来之"；他却倾全国的力量去开边，他对匈奴的积极政策，董仲舒是曾婉谏过的。儒家说，"国不以利为利，以义为利"，他的朝廷却"言利事析秋毫"。他的均输、平准和盐铁政策正是董仲舒所谓"与民争利业"，违反"天理"的。

不过除了形式上表章六艺，罢黜百家外，武帝也着实做了几件使当时儒者喝采的事。

（一）是"受命"改制的实现，邹衍的"五德终始"说自战国末年以来已成了普遍的信仰，在汉初，这一派思想已完全给儒家吸收了过来，成了儒家的产业。秦朝倒了，新兴的汉朝应当属于什么德呢？当初高帝入关，见秦有青、黄、赤、白帝四个神祇的祠，却没有黑帝，便以黑帝自居。在五行中说黑是和水相配的，高帝遂以为汉朝继承了秦的水德，正朔服色等和"德"有关的制度，一仍旧贯。这倒是百忙中省事的办法。贾谊却以为汉革秦命，应当属于克水的土德，提议改正朔，易服色，并于礼乐，政制，官名有一番兴革，亲自草具方案。在当时的儒者看来，这种改革是新朝接受天命的表示，不可缺的大典。贾谊把草具的方案奏上文帝，但在道家"无为"主义的势力之下，未得施行。这方案的内容现在只知道"色尚黄，数用五"，这两点都给武帝采用了。为着"改正朔"武帝又征集民间治历者凡十八派，二十余人，互相考较，终于采用浑天家（浑天家是想象天浑圆如鸡蛋，地是鸡蛋中黄，天空半覆地上，半绕地下的。）落下闳等的测算，制定"太初历"。这历法的内容，详在《汉书·律历志》。这里单表它的两个要点。以前沿用的秦历以一年的长度为 $365\frac{1}{4}$ 日，现在以一年的长度 $365\frac{385}{1509}$ 日，较精密得多。秦历"建亥"，现在改用"建寅"。这句话得加解释，古人以冬至所在月为子，次月为丑，余类推；建寅就是以寅月（冬至后第二个月）为岁首，余类推。相传夏历建寅，殷历建丑。胡历建子。孔子主张"行夏之时"。太初历建寅（后来直至民国前相沿不改）就是实行孔子的话。

（二）是商人的裁抑。除了特别增加商人的捐税外（详前章），武帝又规定商人不得"名田"（即置田为产业）。"告缗令"（详前章）施行后，据说中产以上的商人大抵破家。

董仲舒曾对武帝建议裁抑富豪和救济农民的办法，他说道：

> 秦……用商鞅之法，改帝王之制，除井田，民得卖买（田）。富者田连阡陌，贫者无立锥之地。又专川泽之利，管山林之饶。荒淫越制，逾侈以相高。邑有人君之专，里有公侯之富。小民安得不困？又加月为更卒，已、复为正（卒）一岁，屯戍一岁。力役三十倍于古，田租口赋盐铁之利二十倍于古。或耕豪民之田，见税什伍。故贫民常衣牛马之衣，而食犬彘之食。重以贪暴之吏，刑戮妄加。民愁无聊，逃山林转为盗贼。赭衣半道，断狱岁以千万数。汉兴循而未改。古井田法虽难猝行，宜少近古，限民名田（谓限制人民私有田地的数量），以赡不足，塞兼并之路。盐铁皆归于民。去奴婢，除专杀之威（废除奴婢制度），薄赋敛，省徭役，以宽民力，然后可善治也。

这是第一次学者为农民向政府请命；这是封建制度消灭后农民生活的血史第一次被人用血写出。这血史并没有引起好大喜功的武帝多大的同情。但他禁商人名田的法令，似乎是受董仲舒"限民名田"的建议的影响。

（三）是教育的推广。在西周及春秋时代，王室和列国已有类似学校的机关，但只收贵族子弟。孟子"设为庠序"以教平民的理想，至武帝方始实现，先时秦朝以来的太常博士，本各领有弟子；但博士弟子的选择和任用，还没有定制，而他们各就博士家受业，也没有共同的校舍。建元元年，董仲舒对策，献议"立大学以教于国，设庠序以教于邑"。后来武帝便于长安城外给博士弟子建筑校舍，名叫"太学"；规定博士弟子名额五十，由"太常择民十八以上，仪状端正者"充当。这些正式弟子之外，又增设跟博士"受业如弟子"的旁听生（无定额），由郡国县官择"好文学，敬长上，肃政教，顺乡里，出入不悖"的少年充当。正式弟子和旁听生均每年考试一次，合格的按等第任用。于太常外，武帝又令天下郡国皆立学校。但这诏令实行到什么程度现在无从得知。先是，景帝末，蜀郡太守文翁在成都市中设立学校，招各县子弟入学；学生免除徭役，卒业的按成绩差使；平常治事，每选高材生在旁听遣，出行则带着他们，让传达教令。县邑人民见了这些学生都钦羡不置，争着送子弟入学。这是我国地方公立学校的创始。

节选自《中国史纲》。

国史志业

晓峰吾兄：惠书欣悉。国史为弟志业，年来治哲学，治社会学，无非为此种工作之预备。从哲学冀得超放之博观与方法之自觉；从社会学冀明人事之理法；岂曰能期窃所期向。通史艰巨之业，绝非少数人之力所克负荷。研制营构，固须自用匠心，至若网罗散佚，分析史料，及各方面之综合，则非资众手不可。颇拟约集同志，先成一国史长编，此非徒为少数人谋。后来任何有志于通史者，均可用为资借。此长编不必有一贯之统系，各册自成段落，为一事、一人、一制度、一时代或文化一方面之专史可，为丛杂之论集亦可。篇幅多寡亦可不拘，要以于国史知识有新贡献者为准。各册随得随刊，不必按伦类或时次编排。此意非弟创发，英国 Began Pual 书店所刊有名之《文化史丛书》性质即略如上所云云。此丛书曾拟百册，至今尚未完。然于文化史贡献甚巨，吾兄何不师其意发起《国史长编丛书》，自任主编分约专家撰述？此为国史中开时代之盛业，吾兄其有意乎？

地理与历史可分为姊妹科学,其相辅相成之处甚多。通一时代之史而不明其地理环境,犹演戏而无配景,乌乎可?弟深愧于地理毫无素养,他日必先于本国地质地势稍加考究,并恣游秦晋宋鲁之故墟,然后敢下笔写国史也。在此预备中,其有需请吾兄他山之助,从可知也。

国史目前诚无使人乐观之余地,然吾人试放远眼光从世界史趋势看来,日寇之凶焰绝非可久者。然中国"否"不极则"泰"不来,且放硬心肠,伫候大河以北及江海沿岸之横遭蹂躏可耳。历史上腐化之时代而能为少数人道德的兴奋所转移者殆无前例。必有假于外力之摧毁,摧毁之甚而不致于灭亡,则必复兴。弟于国事对目前悲观,对将来则并不悲观。承询最近行踪,弟居西美一僻乡,与世绝缘,真成韬隐。暑假后将东往纽约住半年,再畅游各地,即行归国,但未审能如愿否耳。匆此即颂撰安。弟荫麟顿首。

历史之美学价值

　　以吾人为傀儡之不可抗力（死与衰），过去之不可回复性，人类当宇宙泯棼虚幻的流转中之软弱——凡此种种，置之于灵魂之深命内，感觉之，认识之，即所以征服之。

　　过去之有如许魔力，即以此故。彼其静寂之画图，其美也，若晚秋之仙境的素净，时则黄叶欲坠，不耐一嘘，尚背斜阳，灼出金曜。过去者，不变，不争。譬彼邓根（Duncan），百战之后，安然长眠。渴贪而坚执者，渺小而浅暂者，都作云烟散，唯美者，永者，灿如午夜之星。此之美，在不与相称之灵魂，当之自靡。唯对于既已征服命运之灵魂，此乃宗教之钥也（译罗素《自由人之崇拜》中语 Selected Papers of Bertrand Russell 第十二页，一九二七年纽约出版）。

　　如上一首歌咏历史之散文诗，孰谓出于 Principia Mathematics 所作者罗素之笔？然吾人勿徒欣赏其诗。此寥寥数十言，实包含彼瞻言百世之哲人之一重大发现。所发现者何？历史之美学价值是已。倘吾人能认取之者，此发现之重要实与十八世纪以来西方诗人对于自然之美之发现同等。此发现实为吾人之审美经验开一无涯之境土。世界之壮观，足以陶瀹吾人之性灵而开拓吾人之心胸者，不唯在其当前所展陈，抑亦在其过去之重构。崇山长林，洪川巨海；渡头落日，漠上孤烟；甚至一丘一壑。一草一木，斯故逸士之所流连，而诗人之所冥契者矣。若夫驰骋心目（The mind's eye），上下千古，转瀛寰于运掌，阅沧桑于弹指，在富于想像力者为之，亦无适而非诗也。

罗素所歌咏者仅历史之静的方面，然其动的方面亦同是可为审美之对象。历史者，一宇宙的戏剧也。创造与毁灭之接踵而迭更。光明与黑暗之握吭而搏斗。一切文人之所虚构，歌台上所扮演，孰有轰烈庄严于是者耶？

明乎历史之美学价值，则史学存在之理由无假外求矣。吾窃不解者，自来史家，原历史之功能，为史学作辩护者，为说众矣：曰垂范以示教也，曰褒贬以劝惩也，曰藏往以知来也。曰积例以资鉴也，曰溯古以明今也，唯独不闻有以历史之美学价值为言者。不审彼辈史家，当其在尘篇蠹简中涉猎之余，曾亦一回顾其所闯入之境界而窥见其中"宗庙之美，百官之富"，如罗素之所发现者否耶？

历史世界之美实与自然世界之美及艺术世界之美参之，此种理论上之自觉前此虽不恒显呈，而事实上则对于过去世界之欣赏流连，固众人之所经验者也。

杜子美之"怅望千秋一洒泪，萧条万代不同时。"韩退之之"好古生苦晚……涕泪空滂沱。"此岂尽由于诗人性僻、哀乐异常，亦岂尽由于身世之悲，隔世而通感哉？毋亦其所神游之乡有以移其情而协其志也？残砖断瓦，吾人曷为爱玩而摩挲？败殿颓垣，吾人曷为登临而凭吊？岂不以其背后有一幽穆森严世界在？过去吾国文人，其于史界之美，感觉特锐。此于旧日抒情诗中怀古咏史之多及词章中以史事为直比（Simile）或隐喻（Metaphor）之繁可见。

以史事为直比或隐喻（前者例如"伯仲之间见伊吕，指挥若定失萧曹。"后者例如"范晔顾其儿，李斯忆责犬。"），则狭义之所谓用典。此种修辞之技术若用之而洽切清新，明易不诡，则实足以沟通幻想或现实之美与史界之美。而予一意义以深远而丰富之背景。近人以典故为文病，相戒勿用，此实一新式"塔布"（taboo），其由来则矫枉过正而昧于历史之美学价值也。

吾人在于自然世界可视为审美对象，亦可视为穷理对象。其于历史世界也亦然。持审美态度以观物者，凝止于当前境界之全相而不求进；持穷理态度以察物者，即所见以求所未见。持审美态度者，随物所导，而不以智范物；持穷理态度者，厘划畛界，区别伦类，比较同异，而寻求通式。持审美态度而作之史，吾名之曰艺术化之史；持穷理态度而作之史，吾名之曰科学化之史。

"艺术化之史"一名易滋误会。若循其通沽，一若真相曾经理想之改窜者焉。然予之意固不如是也。

艺术化之史与科学化之史，就其鹄的而言，皆以显真。前者之所显者为真相，后者之所显者为真理。真相与真理乌乎别？曰，读者如欲知己过之真相，则求之一于明镜；如欲知关于己身之真理，则求之于人体解剖学及生理学。真相为个体之见于外，而相对于时空上之一特殊观点者。真理为超乎个体通例或个体内外各部分之相互关系，不随观览而殊者。真相为综合的，而真理为分析的。真相为具体的，而真理为抽象的。吾人之见真相也以直观，吾人之见真理也以智力。

然则持审美态度之史家，其与史实之关系遂为明镜之与其对象，而其所述之史家遂为镜中人影欤？曰是亦不尽然。

任何观点之史都非史家所得而尽窥，其所得而窥者亦不能尽述，昔人所谓书不尽言、言不尽意者此也。物相之于镜，不必有所隐，而史相之于史家则不能无所隐，镜无所择于影，而史家则有所择而述。此喻之所以未尽切也。更切当之比对，其唯述史（就审美之史言）与写照乎？写照与摄影，其目的皆在攀真。而异者，摄影于观点以外无所择，而写照则更有所择。写照与述史同者，其选择乃在细节之取舍而不在窜易。虽然，犹有未尽也。

试想像一艺术家受约作一画像，而像主已死，彼所得而依据之材料为：一、前人所作观点不同之画像，皆残缺不全，其所余之部分大致相符合而略有抵牾者；二、关系像主之姿容举止不完备的描写；三、像主生前所用之器服若干。知大艺术家之任务及其所受之限制，则知所谓艺术化的历史之性质矣。

原载《大公报》一九三二年七月二十五日。

素痴论集精选

论思想自由与革命

乩（降坛诗）：梦回久歇鼓鼙声，眼看揖让答升平。北门既付"皇军"戍，南郡方欣"共匪"清。绿窗罢写匡时策，皓首惭笺恋爱经；竭来续算糊涂账，较商唯实与唯名。

本仙休宁戴东原又来了。虽处仙乡，难忘人世，兴会适至，不免照例又"哦"一章，请勿见笑则个。

素：大仙放心，我们都在肃静迎驾呢。不过，据大仙看来，世界就太平了吗？

乩：太平，你看现在不是已经太过和平了吗？

素："平"者"定"也。天下恶乎定？定于一。一一如一（屈指介），思想可不是就要统一了吗？哪里还用得着大仙来"较商"？照正经的办法，大仙得先把什么遗教一翻（据说几千年来全世界学人思士追寻未得的"天经地义"就摆在那里）。如若那里是主张唯实的，你就唯实；如若那里是主张唯名的，你就唯名；如若那里两者都不主张，你就免开尊口。哪里还用得着什么"较商"？那是开倒车，那是反革命，而且并不是好玩的。许多人就因为忍不住要"较商"

一下，便被国军、皇军和官设的青红帮之类明捉暗劫，侥幸的无期坐监，不侥幸的被"刷"了，有时连尸首都无踪迹。大仙没听见吗？前几天北平的大学里就有不少青年被捉将官里去，原因就是他们太过喜欢"较高"了。虽然有枪者的法令只限于世间，但枪杆到底是可畏的东西，而阎罗王不恕罪，我应当说玉皇大帝——不见得不欺善怕恶。万一他们移文过去，大仙何所逃于天地之间？

乩：本仙倒不怕，你刚才说什么思想统一，于我又是一个新名词，这是什么时候起的玩意儿？

素：大约一九二七年左右吧。名词虽新，东西却很旧，也不过汉武帝罢黜百家、表章六艺的意思。

乩：本仙也曾据仙府传本校勘过汉律，但那里并没有罪及，更不用说诛及，传授黄老、申韩或杨墨的条文。本仙也曾问汉制于公孙宏，便是曲学阿世如他，也不曾梦想到派执金吾往太学里搜捕。

素：就这点而论，毕竟今人胜过古人了。不过我们的有枪者没有什么新鲜调儿，听说那是从苏俄学来的。

乩：本仙飘忽的游踪也曾到过列宁格勒和莫斯科，本仙也曾稽考过苏俄开国的文献。那里思想诚然大致是统一了，但始终不曾有过"统一思想"的口号或标语，也不曾有过仅只为着思想的宣传而杀人。

素：大仙应当联想起：那里教育诚然是完全党化了，但始终没有过"党化教育"的口号或标语；那里党权诚然是高于一切，但始终没有过"党权高于一切"的口号或标语。这不是奇巧的对照吗？

乩：举一隅能以三隅反，孺子可教也！我告诉你一条公例吧：智者趋实而避名，愚者争名而忘实。试看看日本，她明明占有四省了，却极力避免占有之名。照这样看来，你们的统治者简直稚态可掬。他们对于旦暮追求的自身利益尚且谋之不臧，何况对于他们本来未曾置意的民众利益？

素：哈哈！东原大仙，您在对我宣传革命吗？我是不革命，而且反革命的。

乩：本仙现在也是反革命的。

素：那么咱们可算是同志了。

乩：且慢，要革命先得反革命。这是老聃所谓"正言若反"之一。

素：这可奇了。

乩：我且问你：苏俄之有今日，全是布尔什维克党的功劳吗？

素：难道不是？

乩：绝对不是。那功劳要分给他们所已消灭的仇敌一半。

素：这更奇了。

乩：我再问你：假使当日尼古拉二世和他手下的贵族们也肆杀手无寸铁的政敌，公开的军警之不足，更加上秘密的青红帮之类，穿窬钻穴地掳劫，拦街截巷地袭击，要想善类诛锄净尽，正气消灭精光，只剩下一群蠕蠕蠢蠢的粪土蛆，拥着一个奴颜婢膝的儿皇帝，那么，一九一七年的革命靠谁去领导呢？列宁、托洛茨基这班人在革命以前都曾和帝俄政府有过长期的冲突的，他们多半坐过监或到过西伯利亚，但他们竟得保全首领，以等待革命机会的来临。我们不能不钦佩尼古拉辈的宽容，而悼惜其不免于一死了。

我再问你：假使帝俄的统治者也拿国家的岁入来交给外国银行作为私人储蓄，来添置外人庇下的家产，来供妍妇、平妻、小老婆之类的挥霍，来充个人"周期比武"的费用，而不拿来兴设维持国家的交通工具及其相关的实业，使得俄国在革命前已有多过现在中国十余倍的铁路，那么，布尔什维克党徒能在期月之间把全国的革命势力组织起来吗？

我再问你：假使帝俄政府所经营的军队也仅只能作私人比武的用具，和威压无枪民众的纸老虎；没有近代的训练，没有近代的设备，外不能用以守疆，内不能用以止乱，那么，布尔什维克党的领袖们凭什么资料去造成百多万所向无敌的红军？须知红军的初基，就是帝俄军队的化身。托洛茨基在他的近著《俄国革命史》（第一册里）曾经特别指出：帝俄军心的转变是革命成功的关键。假使那些军队没有不甘为一人一姓作工具的潜意识，没有对于民众的隐约的同情，他们能当千钧一发的关头（在革命的前夕，布尔什维克的宣传还没有侵入军中），突然转向民众那边吗？假使他们没有平素的训练和设备，易帜以后，能担当得起安内攘外的责任吗？再者，布尔什维克政府成立后的初期建设所需用的专门技术人才也统统是帝俄时代培养出来的啊！假使帝俄的统治者也用中国旧式讣闻里所列的"亲、戚、世、乡、寅、学、门，……"等谊来做用人的标准，那些人才会培养得出来吗？

从这些方面看来，可知俄国革命的成功绝不是偶然的事，而断非没有它的基础的国家所能勉强效颦的。我也曾考究过各国的革命史，在那里我们似乎可以归纳出下面的两条公例：

第一，革命运动（就狭义而论，仅指现存政府之以武力推翻）成功的一个必要条件是旧政府的兵力的全部或一部之归附革命运动。没有一次革命的起义，得不着旧政府的兵力的反戈相助，而能把旧政府推翻的。这其间的理由，甚为明显。革命是被统治者起来打倒统治者。但统治者照例是有武装的，而被统治者照例是没有武装的。以无武装者想去打倒有武装者，只是白白送死。必要被统治者大规模地武装起来，始能与统治者立于抗敌的地位。然在统治者严密监视之下，被统治者凭自己的力量，实无从大规模地武装起来。被统治者获得武力的唯一可能的途径就是统治者的武力的归附（除了得着外国明目张胆的帮助，但在这种情形下的政变，严格说起来，不能算是革命）。这一条公例并不是本仙的创见，托洛茨基在其《革命史》里已经说及。

第二，若旧秩序里没有充分维持政治向心力的工具可供新秩序的利用，则革命之后，必定继以长期的大乱。在这些工具里我要包括（一）多数韩非所谓"法术"之士，术者有应变的智能，法者严守纪律。（二）受统一的指挥的多数能战军队。（三）贯通全国的运输交通工具。这条公例，换句话来说，就是：现成的维持政治向心力的工具之充分，乃是建设的革命成功之必要条件。具这条件而不久即成建设之功者，苏俄的布尔什维克革命、意大利的法西斯革命是也。不具这条件而造成长期的纷乱者，一七八九年法国的革命和一九一一年以来中国的革命是也。

素：这两条公例应用到中国现状上应当得到怎样的结论？

乩：第一层，若不利用现成军力，则革命徒托空言，但中国的现成的军力就大体而论，是只可利诱、以威胁，而不能以主义吸引、支配的。其原因如下：

（一）他们习惯于做个人私属的生活。他们日日所受的是个人的意旨、恩威，而不是抽象的纪律和客观的命令。他们被升擢，是因为得了某人的喜欢。他们被贬斥，是因为触了某人的忌怒。——这都不是按着什么准则而为他们所能预想的。他们自入伍以来，就被认而且自认为某大帅、某司令、某长官的隶役，而仰着其独断的、任意的而不可测度的意旨行事。离开了这些人，他们就等于蛇无头而不行。换上一套主义纪律去范围他们就好比以羁勒鞍鞯加于一群野马。

（二）他们久历内战，视残杀同国的人有如家常便饭，当他们被派去剿杀革命者的时候，绝不能以革命者的流血激起他们的同情。这一点不可轻轻放过。倘若一国的军队平素习于爱国护民的教训和实行，突然命他们拿着枪口去对着同国的群众，要杀个尸骸狼藉，妇孺号天，他们第一次也许拗不过命令，但第二次就会犹豫，就会反省，就会转步。这一犹豫、反省、转步之间，历史就决定。如托洛茨基所说，俄国革命的历史就是这样决定的。辛亥革命的时候"同胞"两个字能有一些魔力，就是此理。但这二十多年来不断的相砍，这二十多年来的威逼利诱，默化潜移，已使大多数的中国军人成了可以杀同胞不眨眼的刽子手，要他们悯恤同胞的流血而反戈，简直等于要猫儿保护耗子了。

（三）这二十多年来他们不独做惯了压榨民众的工具，而且因为军饷本来的微薄，加上照例的扣克和时常的停发，他们生活的供给大部分就直接依赖他们压榨所得。压榨民众竟成了他们一种极有引诱力的习惯，要用被压榨的痛苦去感动他们，而希望他们转过头来帮助解除被压榨者的苦痛，也是不可能的。

所以我的第一条结论是：中国现成的军力不能借以助成革命的发动。

自然我这里说的革命是指为着民众利益的有主义的革命。若本无所谓主义，只为革命而革命，或不管革命的目的能达与否，先把现状推翻，再作别计（老实说吧，三十多年来的伟人们所领导的革命就是这一套把戏），那么，我们未尝不可以利用一部分的有力者，威胁另一部分的有力者，而搅起政治上的大风波。但那于民众有什么好处呢？以利诱者，利不得不肯甘休，而得寸则进尺；以威胁者，威一去则翻转枪头。——二十多年来政变的花样，不是明白摆给我们看吗？

现存的军力既不能借以助成有主义的革命之发动，自然更不用为新秩序里维持政治向心力的工具。此外所谓"法术"之士呢？我们是可以屈指数的。贯通全国的近代交通运输工具呢？也在无可有之乡。

我把交通运输的工具放在这个地位，你也许认为不伦，其实大有道理。新秩序的基础乃在政治的统一。而在一个大国家里，怎样做到政治上的分而复合？

这里不外两条路。第一，各区域约略同时起真正的革命，分散的革命势力从下层联络组织起来，构成一个巩固的中心政府，而这是非有便利的交通运输工具不办的。第二，革命的势力先夺取重要的都会，树起中心政府，借其力量去力征经营。这也是非有便利的交通运输工具不办的。

素：难道没有便利的交通运输工具就不能有真正统一的大国了吗？这恐怕不是历史事实所容许的结论吧？

乩：可以有，但在这些条件之下：如若在那广大的地域里有一强大中心的势力，而没有巩固的割据势力与之对抗，则经过比较短期的战争，统一可以实现，如清初的建国是其例。但也要经过三四十年。如虽有一较强大的势力而同时有许多巩固的割据势力与之对抗，则非经过长期战争，甚且百年至几百年的乱世，不能得到真正的统一。秦、隋和北宋的统一是其例。现在中国，正是秦前、隋前或宋前一般的局面，幸而交通运输的便利已比从前进步得多，但方之革命前的苏俄，就差得远了。其他比不上中国一大省的小国的革命是不能拿来和中国的革命相提并论的。

就一切维持政治的向心力的工具而论，中国的现状是不利于革命的，所以本仙现在要反革命。但本仙虽能作反革命的论调，却不能阻止革命的发生。最有力的革命制造者是统治阶级而不是被统治阶级。制造革命的最佳法宝是青面獠牙的压榨者的金刚棒，而不是昏头傻脑的过激党的恶宣传。现今摆在中国面前的有两条路：一是统治阶级把压榨的螺旋放松，使革命等到有利的机会才发生；一是统治阶级把压榨的螺旋扭紧，使革命来不及等待有利的机会。一个国家党不利于革命的情势以下而被迫到非革命不可，则其命运可知了。无论如何，这不是本仙所希望的，所以本仙现在要反革命。

素：大仙的革命论既闻命了，但野马已跑得很远，咱们开乩时原是讨论思想统一的。到底大仙赞成这办法不？

乩：也赞成，也不赞成。

素：难道近来大仙的逻辑里已把矛盾律取消？

乩：本仙的话还没有说完呢。赞成与否，视乎什么人要求统一思想。假如有列宁这样的一类人，为着合理的新社会秩序的拥护，为着民众的真实利益的实现，要把一套和科学相容的思想来作共信共守的权威，纵使这套思想和本仙的脾胃不大相投，本仙也自动缄口。但倘若一个海上逐臭的鄙夫，和一个破犯清规的假和尚，根本就不曾思想的，一边敲着木鱼，一边挥着枪杆，也要来统一思想，本仙只好当他们放屁。孟子说："有伊尹之志则可，无伊尹之志则篡也。"我们也可以说："有列宁之志则可，无列宁之志则夸大狂也。"

素：想不到大仙这样佩服列宁。

乩：是的。他是一个能学、能思、能教、能行的大人，他是庄生所谓内圣外王的唯一实例，他是新时代的领袖的好榜样，我希望中国的青年们能多读他的全集。

素：我不懂俄文，只略翻过他的全集的英译本几册，但卷帙这么多，价钱这么贵，中国的青年有几人读得起？

乩：我希望有人把它翻成中文。

素：我可以把大仙的话传与世人，但傻瓜才会听大仙的话，一来，便译成了没地方肯担任刊印；二来，即使出版了，恐怕于译者不利，而且于大仙也不利。

乩：为什么？

素：大仙不是以"实证论"者自称吗？列宁在全集第十卷里就曾给过实证论以极严刻的批评。

乩：那有什么关系？他的批评若对，本仙可以接纳。他的批评若不对，本仙可以答复。真凑巧得很，前几天朱元晦和我闲谈，就提到列宁对实证论的批评。他并且联想起德国的大科学家马斯。柏兰克在其新著《科学往何处去》（这是一部很好的书，英译今年刚出版）里也把实证论驳得很厉害，他问我对这两位巨人的话，有何意见。我已约定了不久和他作一次公开的讨论：到时我想把你请去旁听，并且将讨论的话记录下来。

素：把我请去？那是玩的？请了去不送回来怎么办？

乩：包管把你送回。

素：大仙的话我不敢十分相信。有人说大仙剿窃过赵东潜校的《水经注》，并且偷改过《永乐大典》。

乩：那是谣言。《永乐大典》经过手的不止一人，怎么改它的就是我？校书所据的本子大略相同，则结果自然大略相同。本仙岂是要靠校《水经注》名家的，而待于剿窃？这场官司早已在玉皇大帝面前打过。结果是原诉驳回，下次我可以把判决书带给你看。

素：那么，为着真理，我姑且冒一次险吧。再会。

乩：再会。

本文原题《论思想自由与革命（对话体）——戴东原乩语选录（之四）》，载《国闻周报》第十卷第三十九期，一九三三年九月。（略有删改）

帝国的发展与民生

像始皇的励精刻苦,在历代君主中,确是罕见,国事无论大小,他都要亲自裁决,有一个时期,他每日用衡石秤出一定分量的文牍,非批阅完了不肯休息。他在帝位的十二年中,有五年巡行在外:北边去到长城的尽头——碣石,南边去到衡山和会稽岭。他觉得自己的劳碌,无非是为着百姓的康宁。他对自己的期待,不仅是一个英君,而且是一个圣主。他唯恐自己的功德给时间湮没。他二十八年东巡时,登峄山,和邹鲁的儒生商议立石刻词,给自己表扬;此后,所到的胜地,大抵置有同类的纪念物。我们从这些铭文(现存的有峄山、泰山、之罘、琅玡、碣石、会稽六处的刻石文;原石惟琅玡的存一断片)可以看见始皇的抱负,他"夙兴夜寐,建设长利,专隆教诲"。他"忧恤黔首(秦称庶民为黔首),朝夕不懈"。他"功盖五帝,泽及牛马"。而且他对于礼教,也尽了不少的力量。他明立法:"饰省宣义,有子而嫁,倍死不贞;防隔内外,禁止淫泆,男女絜诚;夫为寄豭,杀之无罪,男秉义程;

妻为逃嫁,子不得母,咸化廉清;大治濯俗,天下承风,蒙被休经。"在他自己看来,人力所能做的好事,他都做了。而且他要做的事,从没有做不到的。他从没有一道命令,不成为事实。从没有一个抗逆他意旨的人,保得住首领。他唯一的缺憾就是志愿无尽,而生命有穷。但这也许有补救的办法。海上不据说有仙人所居的蓬莱、方丈、瀛洲三岛么?仙人不有长生不死的药么?他即帝位的第三年,就派方士徐福(一作市,音同)带着童男女数千人,乘着楼船,入海去探求这种仙药,可惜他们一去渺无消息(后来传说徐福到了日本,为日本人的祖先,那是不可靠的)。续派的方士回来说,海上有大鲛鱼困住船只,所以到不得蓬莱。始皇便派弓箭手跟他们入海,遇着这类可恶的动物便用连弩去射。但蓬莱还是找寻不着。

始皇只管忙着去求长生,他所"忧恤"的黔首却似乎不识好歹,只盼望他速死!始皇三十六年,东郡(河北山东毗连的一带)落了一块陨石,就有人在上面刻了"始皇死而地分"六个大字。

始皇能焚去一切《诗》《书》和历史的记录,却不能焚去记忆中的六国亡国史;他能缴去六国遗民的兵器,却不能缴去六国遗民(特别是一班遗老遗少)的亡国恨;他能把一部分六国的贵族迁到辇毂之下加以严密的监视,却不能把全部的六国遗民同样处置。在旧楚国境内就流行着"楚虽三户,亡秦必楚"的谚语。当他二十九年东巡行到旧韩境的博浪沙(在今河南阳武县东南)中时,就有人拿着大铁椎向他狙击,中了副车,只差一点儿没把他击死。

他大索凶手,竟不能得。

而且始皇只管"忧恤黔首",他的一切丰功烈绩,乃是黔首的血泪造成的!谁给他去筑"驰道",筑"直道",凿运渠?是不用工资去雇的黔首!谁给他去冰山雪海的北边伐匈奴,修长城,守长城?谁给他去毒瘴严暑的南荒,平百越,戍新郡?谁给他运粮转饷,供给这两方的远征军?都是被鞭朴迫促着就道的黔首!赴北边的人,据说,死的十有六七;至于赴南越的,因为不服水土,情形只有更惨,人民被征发出行不论去从军,或去输运,就好像被牵去杀头一般,有的半途不堪虐待,自缢在路边的树上。这样的死尸沿路不断的陈列着。最初征发的是犯罪的官吏、"赘婿"和商贾;后来推广到曾经做过商贾的人;最后又推广到"闾左"——居住在里闾左边的人(赘婿大概是一种自己卖身的奴隶即汉朝的赘子。商人尽先被征发是始皇压抑商人的手段之一。战国时代,法家和儒家的荀子,都认商人为不事生产而剥削农民的大蠹,主张重农抑商,这政策为始皇采用。泰山刻石有"农除末"之语,"闾左"在先征之列者,盖春秋战国以来,除楚国外习俗忌左,居住在闾左的,大抵是下等人家)。征发的不仅是男子,妇女也被用去运输;有一次南越方面请求三万个"无夫家"的女子去替军士缝补,始皇就批准了一万五千。计蒙恬带去北征的有三十万人,屠雎带去南征的有五十万人,后来添派的援兵和戍卒,及前后担任运输,和其他力役的工人,当在两军的总数以上。为这两方面的军事,始皇至少摧残了二百万家。

这还不够。始皇生平有一种不可多得的嗜好——建筑的欣赏。他东征以来,每灭一国,便把它的宫殿图写下来在咸阳渭水边的北阪照样起造。后来又嫌秦国旧有的朝宫(朝会群臣的大礼堂)太过狭陋,要在渭南的上林苑里另造一所,于三十五年动工。先在阿房山上作朝宫的前殿:东西广五百步,南北长五十丈,上层可以坐一万人,下层可以树五丈的大旗。从殿前筑一条大道,达到南山的极峰,在上面树立华表,当作朝宫的阙门,从殿后又筑一条大道,渡过渭水,通到咸阳。先时始皇即王位后,便开始在骊山建筑自己的陵墓,灭六国后拨了刑徒七十余万加入工作;到这时陵墓大半完成,乃分一部分工人到阿房去。这两处工程先后共用七十余万人,此外运送工粮和材料(材料的取给远至巴蜀荆楚)的伕役还不知数。这些却多半是无罪的黔首。

这还不够。上说种种空前的兵役和工程所需的粮饷和别项用费,除了向黔首身上出,还有什么来源?据说始皇时代的赋税,要取去人民收入的三分之二。这也许言之过甚,但秦人经济负担的酷重,却是可想见的了。

这还不够。苦役重税之上,又加以严酷而且滥用的刑罚,秦的刑法,自商鞅以后,在列国当中,已是最苛的了。像连坐,夷三族等花样,已是六国的人民所受不惯的。始皇更挟着虓虎的威势,去驭下临民。且看几件,他杀人的故事。有一回他从山上望见丞相李斯随从的车骑太多，不高兴。李斯得知，以后便把车骑减少，始皇追究走漏消息的人不得，便把当时在跟前的人统统杀了。又东郡陨石上刻的字被发现后，始皇派御史去查办，不得罪人，便命把旁边的居民统统杀了。又一回，有两个方士不满意于始皇所为，暗地讪谤了他一顿逃去。始皇闻之大怒，又刺探得别的儒生对他也有不敬的话，便派御史去把咸阳的儒生都召来案问。他们互相指攀，希图免罪，结果牵涉了四百六十人，始皇命统统的活埋了。这便是有名的"坑儒"事件。始皇的执法如此，经过他的选择和范示，郡县的官吏就很少不是酷吏了。

始皇的长子扶苏，却是一个蔼然仁者，对于始皇的暴行，大不谓然。当坑儒命令下时，曾替诸儒缓颊，说他们都是诵法孔子的善士，若绳以重法，恐天下不安。始皇大怒，把他派去北边监蒙恬的军。但二世皇帝的位，始皇还是留给他的。及三十七年七月，始皇巡行至沙丘（今河北平乡县东北）病笃，便写定遗书，召他回咸阳会葬，并嗣位。书未发而始皇死。书和玺印都在宦官赵高手。而始皇的死只有赵高，李斯和别几个宦官知道。赵高和蒙恬有仇隙，而蒙恬是太子的亲信，李斯也恐怕蒙恬夺去他的相位。于是赵李合谋，秘不发丧，一面把遗书毁了，另造两封伪诏，一传位给公子胡亥（当时从行而素与赵高亲昵的），一赐扶苏蒙恬死。后一封诏书到达时，扶苏便要自杀，蒙恬却疑心它是假的，劝扶苏再去请示一遍，然后自杀不迟。扶苏说："父亲要赐儿子死，还再请示什么?"立即自杀。

胡亥即二世皇帝位时,才二十一岁;他别的都远逊始皇,只有在残暴上是"跨灶"的。赵高以拥戴的首功最受宠信;他处处要营私,只有在残暴上是胡亥的真正助手。在始皇时代本已思乱的人民,此时便开始摩拳擦掌了。

民生主义与中国的农民

目前中国最重要问题之一是：

一、研究民生主义中关于农民部分所假定的事实；

二、认清民生主义中关于农民部分所提出的理想而谋所以实现之。

先谈事实。中山先生在《民生主义》第三讲中，关于农民的现状，指出了许多重要的事实。分析起来，计有四个项目，现在用原来的话，列举如下：

一、"中国的人口农民是占大多数，至少有八九成。"

二、"中国现在虽然没有大地主，但一般农民有八九成都是没田的。"

三、农民"所生产的农品大半是被地主夺去了。……最近（按，民十三左右）我们在乡下的调查，十分之六是归地主。"

四、农民在一年中辛辛苦苦所收获的粮食，结果还要归到地主，所以许多农民，便不高兴去耕田，许多田地便渐成荒芜而不能生产了。

根据这些事实，中山先生认为，农民问题是民生主义中最重要的问题，"如果不能解决这个问题，民生问题便无从解决。"换句话说，解决民生问题要从解决农民问题入手。

表面的文章放下，从近十年的历史动向观之，他这一条遗教似乎被冷落了。但在一切中山遗教当中，这一条尤其是应当写成标语，写成壁挂，写成图解，写成表格，写在国民政府的门前，写在任何"一命以上"的人的座右的。

自然，当中山先生演讲"民生主义"的时候，中国社会调查的事业还没有真正起头，他根据个人观察和周咨博访所得的印象终是有限制的，但他所认识那问题的严重性，却一点也没有过火。

目前中国社会调查的结论，对于上面所列举的事实稍有修改。关于中国佃户的数目，近来最有权威的说法是张心一氏在一九三〇年所发表的估计。根据这估计，平均全国自耕农约占农户百分之五一点七，半自耕农占百分之二二点一，纯佃农占百分之二六点二。纯佃农及半佃农（即半自耕农）合共约占农户之半。中国农民约占人口的百分之八十，是至今社会科学家所承认的。那么，即使照张氏的估计，纯佃农及半佃农已占全人口的三分之一以上了。

至于田租的数目，近年美侨卜凯氏（即以《大地》小说知名的赛珍珠女士的丈夫）曾在晋、豫、皖、苏、浙、闽六省内九县作"选样"研究。在他所涉及范围内，平均计之，田租约占佃农所生产的百分之四十而强，最高有占百分之六六点六的。

不过，这些估计到底是以偏概全的估计。目前中国还没有精密的人口统计。假如有之，所得的结论或者会更接近中山先生的印象也未可知。所以说，把中山先生所假定的事实，加以彻底研究，目前是需要的。

但即使按照目前的估计，三分之一以上的人口终岁辛勤所获，大部分被掠夺去了！我不知道世间再有比这更急切的社会问题。

关于农民问题的解决，中山先生所提出的方案，可分为两个项目：

一、改良农业技术，提高农民的生产力。

二、循政治和法律的途径，以做到"耕者有其田"；换句话说，就是用和平的手段（不没收，不暴动）使地主阶级消灭。

前一项是科学的问题，而且有西洋科学先进国的前例在，无甚可论。目前最要考虑的是：

一、用什么政治法律的步骤去做到耕者有其田？

二、在实施上，这两项应当孰先孰后，抑或应当双管齐下呢？

大约一半因为《三民主义》是未完成的书，一半因为得所措手解决农民问题的机会当时离中山先生还很远，故此他对于这两个问题，都没有答案。但目前民生主义既有了实施的机会，这两个问题的解答遂刻不容缓了。

这两个问题之中，后者尤为急切。因为，假如认为改良农业技术宜先，趋向使耕者有其田的步骤宜后，那么，把偌大一个中国的农业技术改良是颇需时候的,如何使耕者有其田的问题,就不妨暂时搁下,等慢慢商量了。

目前似乎有些人主张改良农业技术宜先,趋向使拼者有其田的步骤宜后。其理由是:在目前生产条件下,多数自耕农入不敷出,我们即使把佃农变为自耕农,他们仍要把田出卖,变还佃农的。对于这个主张,我不敢苟同。我不敢苟同的理由如下:

第一,如若在目前的生产条件下,大多数自耕农的地位无法维持一二十年,何以解于这件事实:目前的生产条件至少已存在了一二十年,而自耕农尚占农民的百分之五十?假如在现状下大多数自耕农的地位尚可勉强维持一二十年,那么,一二十年后,他们所沾农术改良的利益,就够保护他们自耕的地位了。

第二,在目前大多数自耕农的地位无法维持,就农民本身而论,做有田可卖的自耕农,终胜于做无田可卖的佃户,好比半饱终胜于全饿。因为不能使人全饱,就宁可让人全饿,这似乎是说不过去的。

所以我认为改良农业技术和趋向使耕者有其田的步骤,在民生主义的国是之下,至少有双管齐下的必要:而怎样使耕者有其田,遂成为目前急切的问题了。

至于这个问题的解答,不是这篇短论所能涉及,且俟异日。

原载《大公报》一九三七年三月十四日。

新广东之新精神

前文所谓"民众势力"之觉醒者,非谓广东人民真能有监督、纠绳政府之势力也。谓从前一大部分被压迫、被轻蔑之民众,今日得扬眉吐气,不独获己身利益之提高与保障,或且得分其权力与势力耳。此部分民众为谁?劳动阶级而已。

近年来广东农人之联合,农会之组织与工会并驾齐驱,闻多由共产党人主持。惜吾居粤月余,鲜与农间接触,不知其中情形。至于工会之势力,则凡曾一行广州街市之人所必当感觉者也。吾初抵广州境之半日所见工会示威游行,及庆祝加薪胜利游行之事凡四次。盖今日广东之罢工,苟非有政府之劝阻(如两月前邮政罢工之类)未有不操必胜之券者也。此辈有组织之农工人不独雇主不敢欺,乡市中豪家绅宦苟有撄犯之者,则"打倒土豪劣绅"之口号,立喧于其门庭。县吏区官,苟有侵凌之者,则"打倒贪官污吏"之旗帜,立集于其署廨。而由港罢工回粤之工人势力为尤大。自设法庭,自编纠察军队,自立衙署,卫卒鹄守,盖俨然一政府焉。

此种"民众势力"之觉醒，果为良好现象否耶？曰其良好之成分少而不良好之成分多，夫对于被压迫之劳动阶级，凡有心人，孰不深表同情？劳动阶级之解放，凡有心人，孰忍抑阻？然解放者非放恣横行之谓也。不幸而广东"解放"之工人乃流于放恣横行。大则乱社会之安宁，小则起市民之恶恨。其与所指为"资本阶级"之冲突不必论矣。其他逾越常轨之行动最著者有二端。

一曰工会争斗。粤人好勇斗狠，自昔而然。乡间"械斗"，久为最难解决之社会问题。今之工会，亦一仍旧贯。两部分工人因权利冲突，或意见争持，则诉诸武力。或同类工人，同居一市，而有两工会对峙，甲诋乙为工界败类，乙诋甲为资本家走狗，争执不休，则有诉诸武力。或抵隙暗杀，陈尸通衢，或血肉相薄，刀棍交加，市人闻而远奔，警察见而袖手。此等事在三四月以前几于无日无之。政府三令五申，莫能制止，后因北伐师出，不利后方之纷扰，决用武力抑压，争斗始稍息而未已焉。

二曰压迫"平民"。今广东有组织之工人俨然成为一阶级，位于平民之上。或有一二工人与市民冲突而不胜，归而纠集大伙"弟兄"至，则此市民之生命财产立失其保障矣。广东舆论之受工会钳制与其受政府之钳制等，凡报纸苟登载不利于工会之消息或发为不利于工会之批评，则不独记者有生命之危险，其报馆亦立须歇业。盖将无人敢为此报馆印刷，无人敢为此报馆派送也。其在乡镇间，工人侵夺平民权利，工会可以庇护之。警察执行职权，则或纠众拒捕，人犯入于缧绁，则或纠众索还。词讼一涉工会，即使小吏棘手。盖今日广东之工会中人，有似于昔日之教民，有似于北方之丘八，而广东人之厌恶工人亦无异北方人之厌恶丘八焉。

夫劳动阶级之起而谋自身之解放，夫谁曰非人道所当然？然聚无数未受教育、未受自治训练之人，而予以界限不清之权力，使起而图自身之利益，势必放恣骄纵，乱社会秩序，而妨国家之安宁，此不独非劳动阶级以外之人之利，抑亦非劳动阶级本身之利也。吾以为劳动阶级教育未提高以前，在劳动阶级未有自治能力以前，欲提高劳动阶级之生活，其最适宜之方法，莫如由政府制定合理之劳工法令，强制执行，一方面设法提高工人之教育，增进工人之知识。此在昏黯无天之北方，自无实现之希望，在南方高唱"民生"之政府之下宜若可行。顾何以不此之图而只知容纵工人，日日鼓励阶级争斗。噫，嘻，吾知之矣，国民政府之容纵工人，与其谓为谋工人生活之提高，毋宁谓为谋政府势力之扩大。现在占广东人口最大多数之劳动阶级，所以高唱"拥护革命政府"，"扶助革命政府北伐"之口号者，果何故耶？亦以国民革命政府使我得吐气扬眉、横行无阻耳。使国民政府强行合理之劳工法令，提高工人教育，而禁止工人一切越轨之行动，则其益于工人与非工人者虽大，而自工人视之，固"帝力于我何有"，曷能鼓动其狂热之感情，使于政府为狂热之援助哉。以社会之实际利益为政府势力之代价，毋亦革命时代不得已之手段耶？虽然，吾以为现在国民政府对待工人之政策，其胜于残杀手无寸铁之工人，以博碧眼胡一额之政策，不知几千万万。

按此为张氏《回粤见闻纪》之一部分，刊载于《清华周刊》第二十六卷第二号，一九二六年十月。略有删改。

论最近清华校风之改变

以吾所见,最近一年内,清华校风之动的方面,有二种极重大而极可喜庆之改变:其一曰提倡国家主义运动,其二曰反对教会化运动。

二者实相为表里,同出一源。经五卅痛事而后,此种运动愈发扬,愈显著。唯其肇端露迹,则远在五卅事件以前。盖数年来清华教育进步之结果,清华学生积渐觉悟之表现,而绝非感于一时剧烈刺激之偶然的冲动。

于何征之?读者当犹记上学期去沪事一月前,本刊上发生空前之大争辩。其所争辩者非他,即清华学校应否采用国家主义为教育宗旨之问题也。今年乙丑级毕业,其所留赠母校之纪念品非他,乃大炮一尊,座上刻"我武维扬"四字者也。又忆去冬校中举行英文演说比赛时,加入者四人,其演说题非他,一为"国家主义与中国之统一",一为"汝乃中国前途之所系",一为"孙逸仙",其中无非振厉国人之语,尚有一题吾已忘却,其内容亦不外"内除国贼，外抗强权"。更觇校中军事政治两学会日盛一日，至今大有其门如市之象，迥非两年前所能梦见。吾非谓有其外者必有其内，然若将此种种现象，与二三年前目所习见、耳所习闻者一相比较，则不得不谓近日大多数清华学生，其志愿与理想大有异乎昔也。

方吾之初入清华也（三年前），学校熙熙攘攘者之意识中，只有"出洋"二字（当然其中不无独行踽踽者），纨绔之徒，醉生梦死者无论矣。其余上焉者，功课略优，出洋无虑，则在团体中出些小风头，互相攻击，互相捣乱，且俨然以大人物自命焉。中焉者但求分数维持在 N 与 I 之间，行有余力便逍遥自在，群居终日，言不及义。下焉者兢兢业业于 IPE 之林，更不知此外有天地日月矣。凡与出洋无关之知识学问，或不为学校所提倡奖励者，视之一如科举时代之所谓"杂学"。读线装书，则诋为老先生；讲国家微弱，则目为神经病。此等风气深入人心，现在犹未能尽蠲。虽然，就大多数而论，以今较昔，醉醒之别，亦既昭然。循此新方向而努力，岂独清华学校之荣，国运之隆，可计日而待矣。呜呼，是在诸同学之自勉耳！

国家主义与教会化不两立者也。当五卅前一月《周刊》上讨论国家主义时，即有一般天堂高士，肩起红十字架出而反对，诋之为"癫狗狂吠"。此即其最明切之例证。于是提倡国家主义者乃不得不与此种奴隶劣根性宣战焉。

世人以清华为教会学校之误会，固属可笑，而上帝在清华之威权，亦自不弱。盖教会势力之纵横于清华，自清华降世之日已开始。上有循循善诱之"圣经班"，中有广事招徕之"基督会"，下有神拉鬼扯之"好教徒"，遂使堂堂学府，成为教党之行宫；水木清华，变作布道之乐土。十余年来，居是间者，安之若素，视为当然。谁敢撄赫赫之威，为片言之迕？乃今岁暑假中"基督教华北男女校会及信徒团代表秋令会"来清华开会之日，忽见举校条告处遍贴"清华学生非基督教同盟"之宣言，而"同盟"以外亦有同样之布告，此其所表示清华学生思想改变之大为如何耶！无惑乎当时一般善男信女之咸相骇愕也。

五卅以后，清华学生中反对国家主义之声浪，已渐消沉。唯教会势力之猖獗，则毫不减昔。近复乘新生初来之际，天使四出，旗鼓盛张，走魅奔魑，犹有待于继续之努力。请略申其义，一尘诸同学之清听。干戾贾怨，所不辞焉。

所谓反对教会化者，并非反对宗教，亦非反对基督教之教义，乃反对今日蚕食中国国民心之教会势力。并非反对自动的、求心灵安慰的信教，乃反对布网设井、垂钩系饵之传教。

吾尝谓碧眼胡在中国之教会政策有三：一曰教堂政策，二曰学校政策（教会学校），三曰青年会政策。三者之作用手段不同，其为彼辈政治侵略及经济侵略之先锋与后盾则一。前一种所以施于乡曲之愚民，其诱之也以利。后二种所以施于青年及知识阶级，其诱之也以伪善。其目的无非欲使中国人民只知有教会，不知有国家；只知有教务，不知有国事；养成中国人服从教会之奴隶心，归顺教会之驯熟性，使教士无形中成为中国之官吏，使中国人无形中变为碧眼儿之臣民。教会之忠仆愈多，则此无形之领土愈大，而中国人之独立性及抵抗力愈微。如是持久行之，纵不血干戈，不更国号，而中国自必有为朝鲜、安南之续之一日矣。

凡此所云，事势具在，张眼可睹。读者其毋以痛未及肉，遂目为警世之危言。使此而为危言，则国家无疆之庥，吾所馨香以祝而不可得者耳。近日收回教育权之说，已震动全国，而青年会之祸中国，则国人鲜或言之，鲜或知之。明乎青年会与教堂及教会学校同一鼻孔出气，则知其一切甜言伪善，皆黏蝇之甘饴而已耳，引蛾之明灯而已耳，毒鼠之肥肉而已耳。然而天下之蝇未有不嗜饴，天下之蛾未有不扑火，天下之鼠未有不贪肉，此其党徒之所以遍于中国，此知识阶级之所以趋之若鹜，而吾言之所以必见噱于当世也。

本学期开学后，同学有自江西回者，为余述旅行之经历，有云："吾游庐山，其山巅已为西人所有，游者必须得其恩准。是日吾所衣者为学生装，既至山麓，山麓小店中人语予云：子上山，若有相问讯者，慎勿自认为学生。吾未解其故，自思学生非罪人，何必自讳。果也守者问，予直告之，遮不得上。乃纡道从他口登，复有守者相问，则告之曰：我北京青年会之办事人也。遂通行无阻。"噫嘻，吾愿凡有脑筋之中国人，细味乎其言！

当暑假中"清华学生非基督教同盟会"宣言发现之日,有某君者,胡天胡帝之流也,见而愤然作色语予曰:"人之无良,作此誓言!洪惟我主,溥爱众生。西来教士,禀承天心;碧眼黔首,一视同仁。强聒不舍,凡以为人。五卅之役,主持正义,宁独后人。"予急截其言而告之曰:"诚然,诚然。唯惜子言略欠新颖耳。五十五年前,当英法联军淫掠北京,焚毁今日清华隔壁之圆明园而后,其胁迫我国所缔城下之盟,固已云:'耶稣圣教暨天主教,原系为善之道,待人如己'(见咸丰八年五月《中英天津条约》第八款)矣。五卅一部分教士不直英人残杀之行,自属可感,然宁因片言之惠,遂报以国命哉?且此役表同情于中国者,苏俄视教会尤为热烈,然则吾侪其当赤化矣乎?

嗟夫!嗟夫!吾见夫尔许力强年富,国命所寄之青年,开口天父,闭口天兄;如中催眠术,如饮迷魂汤;奉西教士若神明,仰教会鼻息为行止;以青年会为性命,以诵经讲道为唯一之生涯,以拉人入伙为最高之天职;国家观念,不复萦其圣洁之胸怀;国弱民羞,举无碍其天堂之坦道;谁无血气,能独恝然?呜呼,传教之事业多做一分,即救国事业少做一分;教会多一个忠仆,即中国少一个国民!尔辈受四万万人膏血豢养之清华学生,尚念之哉,尚念之哉!

原载《清华周刊》第二十四卷第三号,一九二五年九月。

评《小说月报》中国文学研究号

此书本刊前期已有评论，兹续其未尽者，拉杂书所见如下，然此书谬妄浅陋之处，逐目皆是，今亦不能颏缕举也。

［一］首篇为郑振铎君《研究中国文学的新途径》，实即文学史之研究。夫文学之研究而仅限于史的方面，亦已狭矣。姑舍此不论。

郑君所提出之"新观念"，一则为归纳的考察，一则为进化之观念。郑君所谓归纳的考察，乃指求真实之完备证据。夫此，与一切考证工作之所同，不如是则不成其为学，初无待于郑君洋洋数千言之空论而诩为"新观念"也。

而郑君洋洋数千言中，反有使人喷饭之处。如云"归纳的考察倡始于培根。……在以前无论研究什么问题或事件，都先有了一个定理或原则……"以归纳法倡始于培根，则理论上不知何以处亚里士多德，实施上何以处 Galileo、Johannes. Kepler 等辈。此固无关于文学，然亦可见郑君之常识矣。

郑君又指出开辟之新途径共有三：（一）外来之影响，（二）巨著之发现，（三）中国文学内容之分类。此三项非不当注意，然尚有更重要于是者。仅从此三方面发展，决不能得完满之中国文学史。且第（二）固有非人力所能强为者，吾人以为整理过去之中国文学，当从下列三方面入手。（一）作品之阐明，即主要作品之校勘注释、鉴别真伪、考定时代及评判价值是也；（二）作者之阐明，即文学家传记之精细研究是也；（三）文学与时代之交互影响之研究。若夫文体之源流，文家之派别，又其次要者矣。

郑君于"新途径"之第（三）项下，述其个人所定之中国文学书分类法，一方面有概括不周之病，一方面贻区类失当之讥，而排列亦欠妥。兹为改订如下，读者比而观之，便知其得失。第一类汇集，第二类诗歌，第三类戏剧（以上三类仍旧，唯名称稍改），第四类弹词（内容即原第五类），第五类小说（即原第四类，唯当将原第八类中之寓言移入此类），第六类史传（原第八类个人文学及第九类中之游记应入此类，并加传记、专史、杂史、通史等），第七类论著（包括原第六类散文集及原第九类中所余各项〈其中谣谚一项应移入诗歌类〉，并加学术专著一项，仅采其有文学价值者，如《庄子》、《孟子》、《天演论》之类），第八类文学批评（仍原第七类）。

［二］郭绍虞君《文学演进之趋势》一文，乃根据摩尔顿（Moulton）《文学之近代研究》一书中之"文学演进表"而立论。

郭君于中国古代有无史诗（epic）之问题依违不能决，而谓吾人今日所以不能考察古代史诗之故有二：一则先民尚实，不喜荒唐之神话，故叙事诗之质量皆逊，无流传之价值；一则或由孔子不语怪力乱神，《诗》《书》经其删定，史诗遂以失传。以吾人观之，此两说皆不能成立。谓古代民族不喜荒唐之神话，则曷不读《山海经》？就诗歌言，如《离骚》《九歌》《招魂》，莫不以荒唐之神话为主要资料。《诗》《书》之未经孔子删削，殆成清代学者之定论，而《诗》《书》中亦未尝无荒唐之神话。

以吾人观之，中国古代殆无史诗，果有之，当不能□采风之使之耳目，且自夏末以至战国五六百年间，歌谣讴歌，不绝于称引及集录，何故独遗史诗？谓古实有之，至有史时代而忽然忘却，有是理乎？至中国何以无史诗，则可用斯宾格勒之历史哲学解释之。一文化有一文化之基本象征。Fundamental Symbol of General Idea。其基本象征不同，则其所表现于文化上者自不能无异，初不必求其故于外表之事实也。复次，摩尔顿氏举文学之系别归纳于一元，其说多牵强附会。郭君步趋不离，亦可谓食西不化者矣。郭君谓哲理文所以从抒情诗蜕变而来的缘故，则实以意志为枢纽，情与志本常相混而不易分析……志又与知常相混而不易分析。……所以抒情诗有蜕变为哲理文之可能。推是说也，则一切知识学术皆可附会，谓由抒情诗蜕变而成，又何独哲理文乎？

[三]潘力山君《从学理上论中国诗篇》中谓,秦以前,我国只有歌诗(与声乐舞蹈相伴)及剧诗,而无独立诗,不知其何以处《离骚》九章及《天问》诸作也。

[四]梁启超君《释"四诗"名义》一文,乃其《要籍解题》中《诗经》篇之一段。梁君此文之主要意见,即推翻旧日以风雅颂三者为四诗之说,谓尚有"南"一类(周召二南),合风雅颂恰成四数。梁君于本文之末声言曰:"我这种解释,惟释颂一项本诸阮元《研经室集》而小有异同,其余都是自己以意揣度的,或者古人曾说过亦未可知。"然举之巧妙竟有不出梁君所料者。梁君释南之说,六百余年前程大昌已发之,且梁君所举证据,无一不为程氏所已举者。兹比列程氏与梁君之说,读者一阅便知。

(1)程说(见程氏所著《诗义》之第一篇,《粤雅堂丛书》本《焦氏笔乘》卷二第二十八页引)。

盖南,雅颂乐名也,若今乐曲之在某宫也。南有周、召,颂有周、鲁、商,本其所从得而还以系其国土也。《鼓钟》之诗曰:"以雅以南,以籥不僭。"季札观乐,有舞"象箾"、"南籥"者。详而推之,南籥,二南之籥也。箾,雅也。象舞,颂之《维清》也。其在当时亲见古乐者,凡举雅、颂,率参以南。其后《文王世子》又有所谓"胥鼓南"者,则"南"之为乐古矣。

(2)梁说:

《诗·鼓钟》篇"以雅以南","南"与"雅"对举。"雅"既为诗之一体,"南"自然也是诗之一体。《礼记·文王世子》说"胥鼓南",《左传》说"象箭""南籥",都是一种音乐的名,都是一种诗歌。

然程氏之说亦有与梁君不同者。程氏谓原始之《诗经》只有南雅颂三体,而"风"为后起,引证颇凿,兹不赘述。

[五] 本书之最末一篇,为郑振铎君之《中国文学年表》,篇首声言未及细校,疏漏及错误当不免。夫谨严之编辑家,决不应以此等语自文饰。今观此篇去取失当之处,直不胜举。如于先秦,则有申、韩而无老、墨、荀(其生卒年虽不能确知,亦当著其大略)。又如屈平之生卒年固不能确考者,而篇中竟不加疑词。于西汉,则张骞使西域之年沿坊间年表之误,固无可责。于东汉,有桓谭、崔瑗、仲长统,而无王充、张衡、王符,真不可解矣。于六朝,则著《文心雕龙》之刘彦和竟不能占一席。于五代,则冯延巳竟见弃遗。自郐以下,吾不欲观之矣。

本文原题《续评〈小说月报〉中国文学研究号》,刊载于《大公报》一九二八年二月二十七日。

跋今本《红楼梦》第一回

《红楼梦》的考据,虽然还没有做到像莎士比亚的考据一样透彻,但对于这部书的版本和作者,已几乎没有我们说新鲜话的余地——除了碰着埋藏的文籍之以外的发现。但我觉得很奇怪的,这部书的今本开卷,就有一个并不寻常的难题,却始终没有人指出,并且寻求满意的解答。我相信,这个疑难,任何细心的读者都会在隐约中感觉到,不过没有跟问下去罢了。

今本《红楼梦》以"此开卷第一回也"起,跟住的一段说明这书是一部化装的自叙传,并为这书作一些道德的解辩。第二段却突兀地问:"看官,你道此书从何而来?"以下便引入女娲补天的故事。假如今本的第一段是原书的正文,则这里从文章技术上看来,实有显著的大缺憾。就文意论,这里明白地自相矛盾,而且将下文所讲的幻象,为全书骨干的,首先一拳打碎。小说固然是扯谎,但也要扯得像样,使读者忘其为谎。如今在扯谎之前,首先板起面孔，说明自己就要扯谎了，然后突兀地改换了嗓子，归入本题。虽说为扯谎而扯谎，也未免难以为情吧？说话如此，作文亦然。我们试为著者设身处地一想，只要懂得作文的初步技术，断不出此。

自然，我们若认定这里表现作者技术的劣拙，便什么问题都没有了。但这种劣拙和全书实不相称。曹雪芹绝不是会错误了作文的初步技术的人。而且，我们若将这一段删去，全书不独金瓯无缺，而且适成其天衣无缝。

那么，我们索性假说这一段是后人增添的吧？但是，第一，这假说没有本子的证据，现存最古的本子是有这一段的，非有更强的理由不宜轻改之。第二，这一段不独文体上和原书不差，而且意旨也和我们从别方面可以考见的本书的性质相适合，很不像是后人假作的。

于是我们感觉左右为难。我对于这难题的解答如下：

曹雪芹的原本是带着评语的，这些评语也许就出作者手笔而托于他人，也许一部分是作者所为，一部分是其相知友朋所为，也许完全是其相知的友朋所为。上说的一段就是这些评语的总序或首节，原与正文分开，或用小字，或低一格，或以空白与正文相隔别（因为这一段太长，不能写在书眉），而传抄者误以与正文相混，相沿至今。

我之作上面的假说，有三层根据。第一，在作品上添上自订的评语，原是中国旧日稗传家的惯例，其前如孔东塘的《桃花扇》，其后如梁任公的《劫灰梦传奇》等是。我们若将《桃花扇》原本自订的评语的首段：

若赞礼者，云亭山人之伯氏，曾在南京目击时艰，山人领其续论，故有此作。

和今本《红楼梦》的开端：

作者自云，历过一番幻梦之后，故将真事隐去，而借通灵说此《石头记》一书也。

比较，竟酷相肖似。如书中所表现，曹雪芹雅爱曲文，《桃花扇》宜所熟悉，而仿效之，亦是可能的事。

第二，本段中"通灵"二字，读者若未阅下文，直无从索解。如本段为原书正文，此二字在这里出现，殊嫌唐突。文章固有时宜预布疑阵，而此处非其伦也。如本段为批注，则读者阅正文后方阅之。其中"通灵"二字自不嫌唐突矣。

第三，照中国旧日的文例，非当借他人口吻来叙述自己时，或先标本人名号作正式的、侧重的肯定时，或叙他人事后缀上评语时（如"君子曰"、"太史公曰"），似乎没有用客观的地位来称说自己的。于一文或一书的开始，称及自身时，径用"作者"来替代"予"、"愚"、"蒙"、"我"等，这原是现今欧化的文例，旧日所无的。我们习见了这种文例，故此看今本《红楼梦》的第一段不觉得奇怪。实则这一段若是正文，则作者在这里并非从他人口中称说自己，照恒例应说"此开卷第一回也。予（或其他相类之第一人称）曾历一番幻梦之后……"而不应如今本云云。但我们若假定这一段是他人或托于他人的评语，则无足为奇了。

读者也许问：难道文例不会有例外吗？会的。但试思例外来得之巧，则我的假说就有理由了。

原载《大公报》一九三四年三月十日。

中国书艺批评学序言

我国艺术史上有一特殊现象，即语言符号亦可为审美之对象，为种种才力之所寄托。名书家之墨迹，吾人视其作用及价值，与众文化所同具而公认为艺术品者同。此于"书画"之连名而可见。此种以中国字形为材料之创造，吾人试名之曰"书艺"。此艺，在中国至少已有二千余年之历史。使二千余年来关于此艺之经验与判断而完全根据于一种错觉则已，如不尔，则我国之语言符号，必有其特殊之可能性，使得成为艺术之材料，而此材料必有其运用之原理，于以构成一艺术品。

是故，吾人有待解决之问题如下：

（一）我国书艺与众文化所公认之诸艺术，有无根本相类之点，使书艺得成为一种艺术？精析言之，此问题实包含两问题：（甲）书艺与诸艺术有无相类之点？（乙）此共同之点是否即艺术之要素？

（二）艺术之要素，苟为书艺所具，如何在书艺中实现？

（三）书艺与其他艺术又有何根本差异之点，使得成为一特殊艺术？换言之，书艺就其为艺术而论，有何特别之优长，有何特别之限制？何者构成书艺之"型类"？

（四）书艺之派别有何美学的意义？

此诸问题之解答可以构成美学之一新支，吾人可名之曰"中国书艺之美学"（The Aesthetics of Chinese Calligraphy）。以此学之原理为基础，可以建设一"书艺批评学"，其任务在探求书艺上美恶之标准，并阐明此标准之应用，故题曰"中国书艺批评学序言"云。以作者艺术素养之浅，美学知识之俭，以下所陈述，殊未敢自信为满意，而冒昧发表之者，特以对于我国书艺，至今尚未有人为美学上之考察，冀以此文为大辂之椎轮耳。

……

截至上文止，作者曾极力避免一问题，今可提出矣。此问题如下："凡艺术必须有普遍性。其作品所表现之情感，当为一般常态人所能领略，而其所领略者当大致相似，即就最低限度言，其美之感动力，亦当不以国界为限。今书艺似不然。中国画，西方人能欣赏之，至于中国书艺，虽西洋人与中国文物接触已逾三百年，至今似尚未有能言其美者。即现在中国人之欣赏此艺术，亦极少数，得毋彼等特中科举时代之遗毒，特囿于传统之偏见，而书艺未足为真正艺术欤？"吾料蓄此疑者当不少其人。

请答之曰：艺术之普遍性云者，谓凡于一艺术曾受相当训练之常态人，类能欣赏之也。一般常态人，皆有欣赏之潜能，唯未必有欣赏之素养。凡一艺术品，其欣赏所需要之技术上的知识及经验愈多者，则能欣赏之之人愈少，是故音乐、建筑及绘画上有许多名作皆带有"贵族性"。书艺之表现因素所需求之技术上的知识，既如上文所指出，西洋人至今尚罕有深研中国书艺之技术者，则其罕能言书艺之美，自无足怪。现今中国人欣赏书艺者之少，亦同此理。

梁任公先生在前引"书法指导"之演讲中有云：

> 写字完全仗笔力，笔力的有无，断定字的好坏，一笔写下去，立刻可以看出来。旁的美术，可以填，可以改，如像图画，先打底稿，再画，画得不对再改；油画尤其可以改。先画一幅人物，在上面可以改一幅山水。如像雕刻，虽亦看腕力，然亦可改，并不是一下去就不动。建筑，更可以改。建得不美，撤去再建。无论何美术，或描或填或改，总可以设法补救。
>
> 写字，一笔下去，好就好，糟就糟，不能填，不能改，愈填愈笨，愈改愈丑。顺势而下，一气呵成，最能表现真力；有力量的飞动，猷劲活跃；没有力量的呆板、委靡、迟钝。我们看一幅画，不易看出作者的笔力，我们看一幅字，有力无力，很容易鉴别。纵然你能模仿，亦只能模仿形式，不能模仿笔力，只能说学得像，不容易说学得一样的有力。

梁先生此段演词中指出下列两点：

（一）书艺之特殊限制（亦可说是特殊优长）之一，乃每笔须一气呵成，不能填改。

（二）一气呵成之笔，特别能表现力量。

于此吾人当发生以下两问题：

（一）何故一气呵成之笔特别能表现力量？

（二）何故书艺中须有不可填改之限制？

梁先生所指出之第二点不能为其第一点之原因。盖若因一气呵成之线特别能表现力量，故书艺须有不能填改之限制，则一切用线写的之艺术，皆当同有此限制，何独以书艺为然？书艺之独然者，必另有原因也。

请先试答第一问题。前已指出，一笔之完全的欣赏（Complete appreciation）须要观赏者聚精会神，追随其进程而综合之。须要观者在想象中重现创作之活动。有填改则一笔之内有墨浓淡，或形有参差而露补缀凑聚之痕迹。如是，则一笔实分裂为不相谐协之若干部分。观者既不易举而综合之，且其注意又分散而不能集中以循一定之方向转移。故观者但觉精神之弛懈而不觉其紧张。此填改有损于力量之表现之原因一也。

有填改，则数笔相叠以为一笔。数笔相垒（叠）则互相蔽混，而无一笔之原状得见。譬如众味相调，则舌不能感其原味；众色相杂，则目不能析其原色。笔之原状不可见，则不易或竟不能重构创作之活动,而力之表现大部分有赖于观者之重构创造活动。此填改有损于力量之表现之原因二也。

次试解答第二问题。不可填改之限制,独具于书艺,盖有二故。第一,书艺以外之绘写艺术,固皆用线为表现之材料,而不以之为唯一之主要材料。此外如颜色,若图像之意义及其意义所引起之联想,皆其美之重要元素。吾人观赏一画时,其立意并不集中于其线,故线之填改之迹,不特别显著,而可以忽略。唯在书艺中,线为唯一之主要材料,观赏者之精神,全聚会于是,故填改之缺憾特别显著。

第二,在书艺以外之艺术,因其所借以表现之形式之复杂或广漠,或因其形之需要形学上的正确,欲以一气呵成之线构成之为不可能。设想画一桌一椅一树之枝干,或一美人身体轮廓,而每线皆须一气呵成,则画家当如何狼狈欤!

以上论单笔之表现竟。次论笔之结构之表现因素。笔之结构有两方面,用曾国藩之术语称之为"体"与"势"。"体者一字之结构也,势者数字数行之机势也。"(日记辛酉七月)

(甲)体之美盖有两因素。

(一)平衡。广义的平衡,谓诸部分轻重长短互相照应,使一字之"重心"在于全体之中分线上,使两边之势力互相均平,而无畸轻畸重之病。狭义的平衡是为对称(Symmetry)。对称云者,谓有相似之两部分位置上互相抗衡也。其全体为相似而相对之两部分所构成者谓之完全对称,例如"门"、"米"、"田"等字是也。其全体中只有一部分为相似而相对之两部分所构成者,谓之不完全对称,例如"们"、"气"、"亩"等字是也。对称有助于广义的平衡,而广义的平衡不必由于对称。

平衡之结构何以特别能引起快感?予以为似可用"体态模仿"之说解释之。吾人观一字之姿势,则引起己身在同类姿势时之所感。吾人身体以在平衡(如上所下之定义)状态下为最舒适,故平衡之结构特别能引起快感。或问曰:"作者不曾以体态模仿"解释单笔之美乎?然则单笔亦不当有不平衡之姿势欤?对曰:吾人对于单笔之感觉为过渡的,为动的,对于结构之感觉为段落的,综合的,静止的。身体在动的历程中,虽经过不平衡的状态而不觉不快,唯停止于不平衡的状态乃感不快耳。且一笔之偏欹,可借他笔之衬托而归于平衡,唯一字之偏欹,则不能借他字之衬托而归于平衡也。

(二)韵节(rhythm)。空间的韵节谓相似之形之有规则的排列也。其全字由相似之笔平行,等距列成者为完全韵节,其例如"三"、"王"、"册"等字是也。全字只有一部分由相似之笔平行、等距列成者,为不完全韵节,例如"鸟"、"珍"、"飞"等字是也。

韵节何以能寓美感?解答此问题者有可以并行不悖之一说。

其一为期望实现说。谓吾人之追循一有韵节的形式也,当其感觉第一部分时,希望或预备有相似之次部分,而果实现,如是继续数次，希望之实现即为快感之源。

其二为"个别原理说"(rhythm as the principle of individuationh)。此说不独以解释韵节之美，并以解释对称之美。在对称及有韵节之形体中，皆同一结构之复现，及异部分之相照应。桑塔雅纳（Santayana）以对称兼賅上文所谓对称与韵节而为之说曰："此之对称，乃玄学家所称为个别之原理也。以其对于复现的元素之侧重，将（感觉之）场面割分为决定之若干单位。凡在两拍之间者为一节，为一个体。苟无复现之印象，无照应之诸点，则感觉之场面始终为一混沌之连续积而无厘，然可认之划分，物之大多数具对称之轮廓者，因吾人随在选取所发现之对称的线以为物之疆界也。其对称性，即为其统一性之条件，而其统一性即为其个性及分离存在之条件……若对称为个别之原理而助吾人厘剔对象，则其有助于吾人对感觉之赏乐，无足惊奇矣。盖吾人之知性（understanding）不啻甘泉之于渴口也。对称有显明之功，而吾人皆知光明之美也。"（Santayana：*the Sense of Beauty, PP. 98，94.1896，New York*）

（乙）势有时亦利用韵节，若行书、草书中大小轻重之字之相间错是也。然此种间错不能常用，且每用亦不能多次复现，因吾人兼在书艺作品中实现实用之目的（如书札、墓志及其他各种铭刻），或满足别一种艺术——文学——之嗜好，以致所书之字恒先受限定，不能为"数字数行之机势"而摆字，只能因所择之字以为机势。纯粹依书艺之目的而择字，原则上诚属可能，且亦应当，然以文字与文学相关之切，而精书艺之人与能欣赏书艺之人又类皆有文学嗜好，欲使二者完全分离，事实上盖不能也。

各行之等距，及每行各字之等距，亦利用韵节之一端也。然"势"之主要表现因素，盖为平衡。势之平衡有两条件：

（一）格调之一律。曾国藩曰："予近日常写大字……而不甚贯气，盖缘结体之际不能字字一律。如或上松下紧，或上紧下松，或左大右小，或右大左小——均须始终一律，乃成'体段'。"（日记己未六月）

（二）一行之内各字之"重心"须约略同在一直线上。曾国藩亦尝指出此点："作大字亦当知此意味。"（日记辛酉十月）

截至此处止，本文首节所提出之问题已解答其三。所余之问题唯"书艺之派别有何美学上的意义？"予拟以下列三范畴赅括一切书艺之派别。

（一）偏于优美者。

（二）偏于壮美者。

（三）兼具优美及壮美者。

每一范畴各依用笔之法分为子类，子类或复因需要而别为诸系，各类系显明其特征。惜此种工作，作者尚病今尚未能，而草此文时作者方游学海外，碑帖及前人论书法之著作（除本文所引及者外）身畔一无所有，更无从着手研究，只得俟诸异日，尤冀国内有人先我为之。

上文所阐明者如不谬,则下列可成立:

书艺为一种具有特长之艺术,与其他艺术等有同等价值。

唯然,则书艺应与其他艺术受吾人同等之注意,其过去之成绩及技术之传说,应在整理研究之列。惜乎今尚无从事于此者,倘将来有人为之,则"国学"内可辟一新领域,其内容大略如下:

(一)书艺中有价值作品按个人、按时代或按派别之搜集、影印。

(二)作品真伪之鉴别及年代未详或可疑者之考定。

(三)书家评传之撰作,特别注意其书艺上之修养、作品之年历,及其技术之进展。

(四)诸体及诸派之比较研究,辨其异,溯其源流,著其得失。

(五)过去关于书艺之理论及实诀之汇集与研究。

此等研究之综合,则可成《中国书艺史》及《中国书艺之法程》二书。必待此二书之成,而后中国书艺始得昌明也。

此文在《大公报·文学副刊》连载,见该报一九三一年四月二十日、二十七日、五月四日、十一日。此处节选。

代戴东原灵魂致冯芝生先生书

芝生先生：

《世界思潮》第一二期里有您的《新对话》，据称是记录朱元晦老前辈近来和我的一番讨论，我读了很觉得诧异。从您的著作里，

我知道您是一个极忠实的哲学史家，我相信你是决不会向壁虚造的。若不是您误据了元晦的弟子们的谣言，那就是不知哪位聪明小鬼扮成我的样子、假托我的名字，把朱老先生骗了。你不知道，这类的伶俐鬼在我们阴间多得是。其实，我自从八年前北京的名流在安徽会馆替我做二百年生日，把朱元晦也请来陪热闹以后，至今还没有再会过他。听说他现在白鹿洞里研究黑格尔，因为"黑学"现在中国有点应时，而且有人说黑氏的绝对观念就是他的"太极"呢。至于我，近年却隐在故乡万架山里补习数学，从未外出，何来那番谈话呢？

我写这封信，不仅要求您替我更正，并且要把那篇对话里朱先生的议论（不管真假）略加批评，使世人知道我近来思想的真

面目,免得以为我竟像您的对话里所表现的那样落伍。

在您的《对话》里有这样的答问:

朱:我问你一个问题,为什么古人没有飞机?

戴:古人不明飞机之理,所以他不能造。

这样眼白白地把我拉入一个逻辑的陷阱里,我是要提出抗议的。当日我若在场,我一定这样回答:"古人不会做飞机,因为他未曾有过与发明飞机者的经验相类似的经验。"让我反问朱先生(其实您也行),什么是"飞机之理"?这是多么一个含糊的名词!我们若不先把它的意义弄清楚,便根据它来建设一种哲学的理论,那是多么危险的步骤!这种笼统的思辨方法正是宋儒的通病,我们汉学家所引为深戒的。其实宋儒根本就未曾把"理"的观念弄清楚,所以王阳明误听了他们的话,要穷庭前竹子的"理",费了七天工夫,结果一场大病。什么是"飞机之理"?这个名词若是有意义的话,只能指示某一组关于重学的命题,其中一个重要的元素可例示如下:

空气的抵抗力之大小,系于空气的密度、动体的速度、动体浮扬面之大小和动体浮扬面的形态。

这个命题若更正确地用符号来表示,则作:

$F=KSPV^2$(F 为空气抵抗力,P 为空气密度,S 为垂直于运动方向的动体的最大截面积,K 为关于动体形态之常数,V 为动体的速度)。

这便是所谓"飞机之理"的一个元素。其他元素,同此性质,不必列举。

现在我要问:这样的一个命题或公式所代表的是什么?是一种不在空间、不在时间、无影无形、不可捉摸的"理"——如朱先生在《对话》里所主张的吗?那似乎不是。如若我对于现代科学的了解没有错误的话,每一条科学定律所代表的,只是科学家在某种规定的情形下的经验的撮要,和他关于未来的经验的预期。如若他的预期历验无爽,他的定律便被认为是真的;如若他的预期不中,他的定律便得修正。但是未来的事是无从预断的,因此任何科学定律都带点子"假说"的性质。没有一个科学的命题是代表什么"天经地义",什么"先天地生"的道,亦没有一个明白的科学家这样看待它。近今维也纳学派的领袖石里克(Moritz Schlick,他是深通近代科学的一位哲学家)说得好:

> 即在科学也没法子建立一条定律,绝对确实的。……我们从不能确信一条定律的所有预料将尽成事实。虽然实际上少数应验的预料便使我们对于一定律发生坚强的信仰,有时一次的应验便被认为充足,但就严格的逻辑之观点而论,一

切我们的公式将永止于"假说"的地位,而过去的符验之为偶然,恒是可能的事。(见加利福尼亚大学《哲学丛刊》第十五卷,页一二〇)

不独科学中的命题为然,其实任何可真或妄的普遍的判断都是一种假说,一种试探,一种预期。它的对象都是在"时空"里的个体,过去的和未来的。因此,它可以被我们的经验来肯证或否证,因此它有真妄之可言。凡不能用经验来肯证或否证的命题,若不是无意义的字堆,便是一种界说,一种 Convention,无所谓真妄。

许多传统哲学的系统乃是建筑在对于普通的概括的命题的性质之误解上。例如柏拉图,他认定科学中(譬如几何学中)普遍的命题所指示的,乃是绝对确实的,规范一切过去未来的个体的法则,我们无从经验一切过去未来的个体,却能知道这些命题的确实,可见这些命题的对象,绝不会是在个体中的了。为要解释绝对确实的普遍的知识之可能,他不得不于现实世界之外,另起造一个观念世界。近今的新实在主义便是柏拉图的观念主义之字眼的改换。又例如康德,他认定综合的普遍而且必要的判断(他在《纯理论衡》中最初下"先验"之界说为普遍而且必然的)之存在是不成问题的,因此他要在哲学史上起一个"哥白尼"的革命,提出知识的先验形式说,来解释这种判断之可能。其实,我们若明白一切普遍的命题之假说性、试探性、预期性,如现今许多实验科学家所了解者,则这些传统哲学的楼阁自然不攻而倒,则知综合的必要的判断之可能性原不成为问题,则知普遍命题的对象无须求之于个体之外,于"不在时间空间之内"的无何有之乡。

我并不是否认我们的经验,无论关于自然界及人事界,是有秩序的,但这秩序只存于在时空里的个体之中,并不是超乎时空之外。这种秩序,您若喜欢叫做"理"亦无不可。我在《孟子字义疏证》里也说过:"理者察之几微,必区以别之名也。是故谓之分理。在物之质曰肌理,曰腠理,曰文理。得其分,则有条不紊之条理。""在未有甲物之前已有甲物之理"这个命题若是有意义的话,只是说:"在未有甲物之前,世间某一类事物已有某种秩序。"这也是一种试探的假说。

以上是批评朱先生关于"理"的主张。其次关于朱先生的道德论,我也要发表一些意见。

在您的对话里,朱先生说道:

> 这些条件(人若有健全的组织,其中分子所必须遵守的条件)至少有一部分叫做道德。比如说,人若有健全的组织,其中分子必须互相敬爱,这就叫做仁;必须各努力所担任之事,这便叫做忠;必须各守其约言,这就是所谓信。一组织中之分子必须实行这些基本条件,那个组织才能健全存在,不管

它是什么组织。

我对于这段话还有点不大明了。第一,那些条件中至少有一部分是道德,这就是说其中还许有一部分不是道德了。到底这两部分的界限怎样划分?第二,"健全"二字用在这里是很含糊的。什么是一个生物学上健全的个人,这还比较容易回答。什么是一个"精神"是健全的个人,那就牵涉到全部人生哲学了。朱先生所谓健全到底是指生物学上的健全呢?抑或指伦理学上的健全呢?若指伦理学上的健全,他对于这种健全的观念又怎样呢?第三,道德与健全组织的条件之关系到底如下面第一图或第二图所示呢?(图中数字1表示任何健全组织的必要条件,2表示道德)

第一图　　　　　　　第二图

若照第一图的界说,则任何人类组织的本身和一切不违反某一组织的"健全"条件的行为是在道德的"论域"(Universe of discuss)之外的。换句话说,在我们不能说某种组织的本身(例如说盗贼团体,或侵略他国的军队)或任何不违背该组织的"健全"条件之行为(譬如说抢劫别个团体的财产,奸淫别个团体的妇女)是不道德的。照第一个图的解说,这些命题是无意义的。

试用譬喻来说明。我们若承认：则不能说一件没有色彩的东西是绿的。如上的道德界说，其意义一经指出，便用不着再批评。

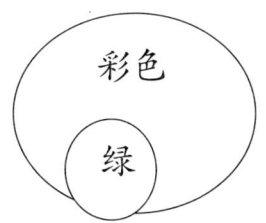

但若照第二图的解说，则除了任何人类组织之"健全"的条件以外，还有什么东西是包括在道德的范围呢？这一层朱先生却没有提及。在他答复我上面的疑问之前，我实在无从批评他现在的道德学说。

其次朱先生说：

> 人有道德，是一个人类组织之存在的必要原因，而非其充足原因。

这句关键的话，我也觉得极其含糊，想批评也无从批评起。第一，他这里所谓"人"是指一个人类组织内的一切分子呢？抑或大多数分子呢？抑或是指一部分的分子（譬如说统治者）呢？第二，说一个人"有道德"是说（1）他一切或大多数属于道德论域的行为都是道德的呢？抑或（2）是说他曾经有过合于道德的行为呢？若照第一种说法，只有圣贤才可算是"有道德"的；若照第二种说法,则人人都可说是有道德的。这些分别并不是我故意咬文嚼字和朱老先生为难。这种种不同的解释所包含的信仰,对于你们(无能为力了)"救国"的行为大有差别。譬如你们若相信一切或大多数分子的一切或大多数的行为之合于道德是一个人类组织存在的必要原因,则你们"救国"的初步工作之一便是要使全国大多数人成为圣贤(呀!我恐怕这种工作没有做到百分之一中国早就亡了)。倘若你们相信小数某部分的分子(譬如说统治者)之一切或大多数的行为合于道德是一个人类组织存在的必要原因,则你们当前的问题之一是要把这样有道德的人放在恰当的社会地位,而实现这种地位的改换之方法又是急切的问题了。

说到这里,我想您或者会反问我自己的道德观念,那么大致上我的《原善》和《孟子字义疏证》具在,您可覆按。但我近来对于那里的见解颇有一些修正。在最近的将来,我希望把补习数学的工作赶完后,有机会把这修正案写出来给世人和朱先生指正。唉,说到数学,我实在有点惭愧。我当初写了"勾股割圜记"以后,颇沾沾自喜。近来才知道我那里的数学知识还赶不上现在一个高中毕业生!没有充分的数学预备,没有了解现代科学发现的能力却来侈谈形上、形下,那岂不是痴人说梦吗?我奉劝中国治哲学的人们:从故纸堆里(不管康德、黑格尔……)出来,到实在的世界里去!

戴震顿首
"阴"历九月一日

附言：此函乃乩授素痴君代录

原载《大公报·世界思潮》副刊，一九三二年十二月三日。文后有"编者附记"，全文如下：必须感谢素痴先生，老远地从西美斯丹佛大学寄来这篇大作。收到时（上月十一）正当我们几个朋友也在讨论这个理的问题，所以更加增加了兴趣。公开的平心静气的学术讨论之风是必要而有益的，很希望从此引起。芝生先生有趣的答复也久已写好了，当于下期接登。

道德哲学与道德标准

日者过老友朴学家容希白所，于其满堆吉金乐石拓本之书案上，忽睹假自图书馆之《道德哲学》书一厚册，不禁讶问其何得有闲时与耐力以咀嚼此类硬骨头。应曰："嘻！尔曹哲学家之惑也。畴昔之夜，吾曾参与哲学家之宴，宾主放言，所衡论者众矣。然苦不得彼曹于人生行为之切实期望、道德判断之具体准绳，所以自信而诏世者果何在。归而反求诸哲学家之书，则更茫然。吾所关心者，非苏格拉底、亚里士多德、康德、黑格尔之所云为何，而是尔曹之所信奉而教人信奉者为何。关于此点言之愈详尽，则予愈乐闻。乃求诸哲学家之书，则唯得苏格拉底、亚里士多德、康德、黑格尔……之说。其或有'略抒己见'者，则言之极抽象、极空泛、极含糊，虽欲奉行之亦不知从何奉行起。吾知哲学家对现状皆表示不满矣。然吾更欲知哲学家之所以易现状者为何。要切实，要具体。毋顾左右而言它。"

予曰：今日哲学分工之精细已使许多哲学家无复关心此问题。

正如今日物理学家之不必关心量子论或相对论也。

然则这道德哲学家何如？

吾子顷言现状，当兼指社会现状。然过去之道德哲学，只问个人应当成为如何如何，而不问整个社会应当成为如何如何。故吾子之问题，道德哲学家亦不任答。

"民以为太守，太守归之天子，天子不自以为功"，然则"归之太空"耶？虽然，余窃惑焉。个人者，社会之一体也，不知社会应当成为如何，何以知个人应当成为如何？如塑土偶者，若不知所待塑之为财神或观音，则何以知耳目口鼻手足之所宜？

吾子之惑，亦柏拉图、马克思之惑也。虽然过去之道德哲学家，所以不问整个社会应当成为如何，而只问个人应当成为如何者，以其在不自觉中默认（至少不否认）当时之社会组织也。故当社会组织之基础成为问题时，则彼等之道德训说，绝不能作吾人行为之充分而切要之指针。此予所以愈读过去道德哲学家之书，愈不欲担任道德哲学之功课也。伟哉庄生之言曰："将为胠箧探囊发匮之盗，则必摄缄縢固扃鐍。此世俗之所谓知也。然而巨盗至，则负匮揭箧担囊而趋，唯恐缄縢扃鐍之不固也。然则乡之所谓知者，不乃为大盗积者也。故尝试论之，世俗所谓知者，有不为大盗积者乎？所谓圣者，有不为大盗守者乎？"哲哉庄生，此真道德思想上震雷烁电之一大发现也。过去之道德哲学家，什九正正是庄生所称"世俗所谓知（同智）者"与"所谓圣者"也。彼其所默认而拥护之社会组织正正是大盗利益之渊薮也。则又何怪乎历来有力者之维持礼教，提倡读经："一朝权到手，便把令来行"，如月落日出之无或爽失？

吾今不惮祖述马克思之陈言：社会组织乃是道德标准之标准。举其最显浅者言之，譬如承认甲种社会组织，则诛杀以此种组织之利益为利益，而努力于其实现或维护之人为不义中之最不义。如否认甲种组织而承认乙种组织，则在此两种组织生存之斗争中，杀戮为甲组织之利益而危害乙组织之人，乃是合义中之最合义。

问曰：毕竟何种社会组织当被承认？道德哲学家将何以解此问题？

对曰：过去道德哲学家尚少有暇思及此问题者，其思及此问题者，世不称之为道德哲学家。附带声明，予绝不是道德哲学家。虽然彼问题终不能"归之太空"也，吾子盍亦尝试思之？

曰：下走亦尝思之矣。今无暇尽所欲言，则不如暂且勿言。无已请略言"道德标准之标准"之标准，即判断何种社会组织当被承认之标准。今有千人于此，施以甲种组织，则只有三百人能遂其生而乐其生，施以乙种组织，则有九百五十人能遂其生而乐其生。请问此两种组织中熟（孰）者当被采纳？

曰：自非疯狂之人，必将采纳乙种。

虽然甲乙两种组织不必同时对峙存在，而可资吾人之比较者也。或时仅甲种组织存在于事实而乙种组织仅存在于想像，乙种组织之将有如彼效果，未必人人能知，人人能信。先知之而先信之者是为哲人。"哲人之心孤而足恃"（龚定庵语），唯其足恃，终必不孤。另一方面，如其所信为真，旧制之恶敝，必日益彰。朱紫分明，自非色盲，不能不见。故青年归之，孟氏所谓"如水之就下，沛然而莫之能御也。"

曰：今也彼种对照不唯存于想像，抑且存于事实矣。

是故吾等向之问题之解答方法已得。

原载《大公报》一九三四年五月三十一日。

论中西文化的差异

文化是一发展的历程。它的个性表现在它的全部"发生史"里。所以比较两个文化,应当就是比较两个文化的发生史。仅只一小时代一阶段的枝节的比较,是不能显出两文化的根本差异的。假如在两方面所摘取的时代不相照应,譬如以中国的先秦与西方的中古相比,或以西方的中古与中国的近代相比,而以为所得的结果,就是中西文化的根本异同,那更会差以毫厘,谬以千里了。

寻求中西文化的根本差异,就是寻求贯彻于两方的历史中的若干特性。唯有这种特性,才能满意地解释两方目前之显著的外表的而为以前所无的差异。若只注意两方在近今一时代之空前的差异,而认为两方的根本差异即在于此,一若他们在近今一时代之空前的差异是突然而来,前无所承的,在稍有历史眼光的人看来,那真是咄咄怪事了!

近代中西在文化上空前的大差异,如实验科学、生产革命、世界市场、议会政治等等之有无,绝不是偶然而有,突然而生的。无论在价值意识上,在社会组织上,或在"社会生存"上,至少自周秦希腊以来，两方都有贯彻古今的根本差异。虽然，这些差异在不同的时代，有强有弱，有显有隐。这三方面的差异互相纠结，互相助长，以造成现今这一方面的发生史上的差异，下文以次述之。

一

凡人类"正德、利用、厚生"的活动，或作为"正德、利用、厚生"的手段的活动，可称为实际的活动。凡智力的、想像的，或感觉的活动，本身非"正德、利用、厚生"之事，而以本身为目的，不被视作达到任何目的之手段者，可称为纯粹的活动。凡实际的活动所追求的价值，可称为实践的价值。凡纯粹的活动所追求的价值，可称为观见的价值。过去中西文化的一个根本差异是：中国人对实际的活动的兴趣，远在其对纯粹的活动的兴趣之上。在中国人的价值意识里，实践的价值，压倒了观见的价值；实践的价值，几乎就是价值的全部；观见的价值简直是卑卑不足道的。反之，西方人对纯粹的活动，至少与对实际的活动有同等的兴趣。在西方人的价值意识里，观见的价值，若不是高出乎实践价值之上，至少也与实践的价值有同等的地位。这一点中西文化的差异，以前也有人局部地见到。例如在抗战前数年时，柳诒徵先生于《中国文化西被之商榷》一文里曾说：

吾国文化，惟在人伦道德，其他皆此中心之附属物。训诂，训诂此也；考据，考据此也；金石所载，载此也；词章所言，言此也。亘古亘今，书籍碑板，汗牛充栋，要其大端，不能悖是。

又说：

> 由此而观吾国之文学，其根本无往不同。无论李杜，元白，韩柳，欧苏，辛稼轩，姜白石，关汉卿，王实甫，施耐庵，吴敬梓，其作品之精神面目虽无一人相似，然其所以为文学之中心者，君臣、父子、夫妇、兄弟、朋友之伦理也。

柳先生认为中国人把道德的价值，放在其他一切价值之上，同时也即认为西方人没有把道德的价值放在其他一切价值之上，这是不错的。不过，我以为这还不能详尽地普遍地说明中西人在价值意识上的差异。在上文所提出的价值的二分法当中，所谓实践的价值，包括道德的价值，而不限于道德的价值，唯有从这二分法去看中西人在价值意识上的畸轻畸重，才能赅括无遗地把他们这方面的差异放在明显的对照。

说中国人比较地重视道德价值，稍读儒家的代表著作的人都可以首肯。但说中国人也比较地重视其他实践的价值，如利用、厚生等类行为所具有的，许多人会发生怀疑。近二三百年来，西方人在利用、厚生的事业上惊心炫目的成就，使得许多中国人，在自惭形秽之下，认定西方文明本质上是功利（此指社会的功利，非个人的功利，下同）主义的文明；而中国人在这类事业的落后，是由于中国人一向不重功利。这是大错特错的。正唯西方人不把实际的活动放在纯粹的活动之上，所以西方人能有更大的功利的成就；正唯中国人让纯粹的活动，被迫压在实际的活动之下，所以中国人不能有更大的功利的成就。这个似是自相矛盾而实非矛盾的道理，下文将有解说。

《左传》里说，古有三不朽：太上立德，其次立功，其次立言。这是中国人的价值意识的宣言。历来中国代表的正统思想家，对这宣言没有不接受的。许多人都能从这宣言认取道德价值在中国人的价值意识中的地位。但我们要更进一步注意，这仅只三种被认为值得永久崇拜的事业，都是实际的活动，而不是纯粹的活动；这三种头等的价值，都是实践的价值，而不是观见的价值。所谓德，不用说了。所谓功，即是惠及于民，或有裨于厚生、利用的事。所谓言，不是什么广见闻、悦观听的言，而是载道的言，是关于人生的教训。所以孟子说："有德者必有言。"

亚里士多德的《尼哥麦其亚伦理学》，其在西洋思想史中的地位，仿佛我国的《大学》、《中庸》。《伦理学》和《大学》都讲到"至善"。我们试拿两书中所讲的至善，作一比较，是极饶兴趣的事。

亚里士多德认为至善的活动，是无所为而为的真理的观念；至善的生活，是无所为而为地观玩真理的生活。《大学》所谓"止于至善"，则是"为人君止于仁，为人臣止于敬，为人子止于孝，为人父止于慈，与国人交止于信。"这差别还不够明显吗？

中国人说"好德如好色",而绝不说"爱智"、"爱天",西方人说"爱智"、"爱天",而绝不说"好德如好色"。固然,中国人也讲"格物致知",但那只被当着"正心、诚意、修身、齐家、治国、平天下"的手段,而不被当作究竟的目的。而且这里所谓"知",无论照程朱的解释,或照王阳明的解释,都是指德性之知,而不是指经验之知。

王阳明的解释不用说了。程伊川说:"知者吾所固有,然不致则无从得之。而致知必有道,故曰致知在格物。"又说:"闻见之知,非德性之知,物交物则知之,非内也;今之所谓博物多能者是也。德性之知,不假见闻。""致知"所致之知,为"吾所固有",即"由内",而"不假见闻",即德性之知也。朱子讲致知,是"窃取程子之意"的,其所谓"知吾之知"当然是致"吾所固有"之知了。实践价值的侧重在宋明的道学里更变本加厉。在道学家看来,凡与修身齐家治国平天下无明显关系的事,都属于"玩物丧志"之列。"学如元凯方成癖,文至相如始类俳。独立孔门无一事,却师颜氏得心斋!"这是道学家爱诵的名句。为道学家典型的程伊川,有人请他去喝茶看画,他板起面孔回答道:"我不喝茶,也不看画!"

我不知道有什么事实可以解释这价值意识上的差异。我们也很难想像,这差异是一孤立的表象,对文化的其他方面不发生影响。这价值意识上的差异的具体表现之一,是纯粹科学在西方形成甚早,而在中国受西方影响之前,始终未曾出现。我们有占星术及历法,却没有天文学;我们有测量面积和体积的方法,却没有几何学;我们有名家,却没有系统的论理学;我们有章句之学,却没有文法学。这种差异,绝不是近代始然,远在周秦希腊时代已昭彰可见了。

纯粹科学,是应用科学的必要条件。没有发达的纯粹科学,也绝不会有高明的实用的发明。凡比较复杂的实用的发明,都是(或包含有)许多本来无实用的发现或发明的综合或改进。若对于无实用的真理不感兴趣,则有实用的发明便少所取材了。这个道理,一直到现在,我国有些主持文化学术或教育事业的人,还不能深切体认到。传统的价值意识囿人之深,于此可见了。

观见价值的忽略,纯粹科学的缺乏,这是我国历史上缺少一个产业革命时代的主因之一:

有人说:中国的音乐是"抒情诗式的",西洋的音乐是"史诗式的"。不独在中西的音乐上是这样,在中西全部艺术上的成就也大致是这样,想像方面的比较缺乏"史诗式的"艺术,与智力方面的缺乏纯粹科学是相应的,史诗式的艺术和纯粹科学,同样表示精细的组织,崇闳的结构,表示力量的集中,态度的严肃,表示讨纯粹活动的兴趣,和对观见的价值的重视。

二

其次,从社会组织上看中西文化之发生史的差异。就家族在社会组织中的地位,以及个人对家族的权利和义务而论,西方自希腊时代已和中国不同。法国史家古郎士说:"以古代法律极严格论,儿子不能与其父之家分离,亦即服从其父,在其父生时,彼永为不成年者。……雅典早已不行这种子永从其父之法。"(《希腊罗马古代社会研究》汉译本,页六四)又斯巴达在伯罗奔尼撒战役以后,已通行遗嘱法(同上,页五八),使财产的支配权完全归于个人而不属于家属。基督教更增加个人对家族的解放。在基督教的势力下,宗教的义务,是远超过家族的要求,教会的凝结力,是以家庭的凝结力为牺牲的。《新约》里有两段文字,其所表现的伦理观念,与中国传统的伦理观念相悖之甚,使得现今通行的汉译本不得不大加修改。其一段记载耶稣说:

假若任何人到我这里来,而不憎恶他的父母、妻子、儿女、兄弟和姊妹,甚至一己的生命,他就不能做我的门徒。

另一段记载耶稣说:

我来并不是使世界安宁的,而是使他纷扰的。因为我来了,将使儿子与他的父亲不和,女儿与她的母亲不和,媳妇与她的婆婆不和。(两段并用韩亦琦君新译)

基督教和佛教都是家族组织的敌人。基督教之流布于欧洲与佛教之流布于中国约略同时。然基督教能抓住西方人的灵魂，而佛教始终未能深入中国人的心坎者，以家族组织在西方本来不如在中国之严固，所谓物必先腐然后虫生之也。墨家学说的社会的含义和基督教的大致相同，而墨家学说只是昙花一现，其经典至成了后来考据家聚讼的一大问题，这也是中国历来家族组织严固的一征。基督教一千数百年的训练，使得牺牲家族的小群而尽忠于超越家族的大群的要求，成了西方一般人日常呼吸的道德空气。后来基督教的势力虽为别的超家族的大群（国家）所受而代，但那种尽忠于超家族的大群的道德空气是不变的。那种道德空气是近代西方一切超家族的大群，从股份公司到政治机构的一大巩固力，而为中国人过去所比较欠缺。

我不是说过去中国人的社会思想一概是"家族至上"。儒家也教人"忠孝两全"，教人"移孝作忠"，教人"战阵无勇非孝也"，教人虽童子"能执干戈以卫社稷者可无殇"。孔子亦曾因为陈国的人民不能保卫国家，反为敌国奴役，便"过陈不入"。有些人以为过去儒家所教的"忠"，只是"食君家之禄者，忠君家之事"的意思，那是绝对错误的。不过中国人到底还有调和忠孝的问题，而西方至少自中世迄今，则不大感觉到。在能够"上达"的人看来，"忠孝两全"诚然是最崇高的理想，但在大多数只能"下达"的人看来，既要他们孝，又要他们忠，则不免使他们感觉得"两姑之间难为妇"了。

而且，对于一般人，毕竟家近而国远，孝（此处所谓孝就广义言，谓忠于家族）易而忠难。一般人循其自然的趋向，当然弃难趋易了。就过去中国社会组织所表现于一般中国人心中的道德意识而言，确有这种情形。而这种情形在西方至少是比较轻浅的。像《孟子》书中所载"舜为天子，皋陶为士，瞽瞍杀人，则如之何"的疑问，和孟子所提出舜"窃负而逃，遵海滨而处"的回答，是任何能作伦理反省的时代的西方人所不能想像的。许多近代超家族的政治或经济组织，虽然从西方移植过来，但很难走上轨道，甚至使人有"橘逾淮而为枳"之感者，绝对尽忠于超家族的大群的道德空气之缺乏是一大原因。

三

再次，就社会的生存上看，过去中国的文化始终是内陆的农业的文化，而西方文化，自其导源便和洋海结不解的关系。腓尼基、克列特，不用说了。希腊罗马的繁荣是以海外贸易、海外掠夺和海外殖民做基础的。在中世纪，海外贸易的经营仍保存于东罗马帝国，而移于波斯人和阿拉伯人之手；文艺复兴的时代，同时也是西南欧海外贸易复兴和市府复活的时代。从十二世纪西南欧的准市府的经济，到现代西方海洋帝国主义的经济，是一继续的发展，是一由量的增加而到质的转变的历程。这历程和希腊罗马的海外开拓是一脉相承的。而海外开拓的传统是中国历史上所没有的。

这点差异从两方的文学也可看出。西方之有荷马和桓吉尔的史诗,好比中国有《诗经》和《楚辞》。荷马和桓吉尔的史诗,纯以海外的冒险的生活为题材,他们的英雄都是在风涛中锻炼成的人物。而在《诗经》和《楚辞》中,除了"朝宗于海"、"指西海以为期"一类与航海生活无关的话外,竟找不出一个海字。近三四百年来,像克茫士(葡萄牙诗人,以华士哥发现好望角之航行为史诗题材者),康拉德(英小说家,专编海上生活)之徒在西方指不胜屈,而中国则绝无之。中国唯一与航海有关的小说《镜花缘》,其海外的部分却是取材于《山海经》的。

我不是一味讴歌洋海的文化而诅咒内陆的文化。二者各有其利弊。孔子说:"智者乐水,仁者乐山,智者动,仁者静。"我们也可以说"洋海的文化乐水,内陆的文化乐山;洋海的文化动,内陆的文化静。"而且我们也可以更进一步说:洋海的文化恰如智者,尚知;内陆的文化恰如仁者,尚德。洋海的文化动,所以西方的历史比较的波澜壮阔,掀扬社会基础的急剧革命频见叠起。内陆的文化静,所以中国历史比较平淡舒徐,其中所有社会的大变迁都是潜移默运于不知不觉,而予人以二千多年停滞不进的影象。洋海的变化乐水,所以西方历史上许多庞大的政治建筑都是"其兴起也勃焉,其没落也忽焉",恰如潮汐;而中国则数千年来屹立如山(第一次世界大战后,希特勒汲汲经营陆军,图霸欧陆,而不甚着意海军,以图收复殖民地,他未必不是有见于此理)。这差别固然有其地理环境的因素,但地理环境所助成的文化发生史上的差异,研究比较文化的人不容忽视。

海外开拓是产生资本主义的一大原动力,虽然资本主义的发达也增加了海外开拓的需要。一般仅只根据《共产党宣言》去讲唯物史观的人,以为照马克思的说法,欧洲资本主义的社会是蒸汽机的发明所造成的(所谓生产工具决定生产关系)。其实,马克思晚年在《资本论》里已经放弃这种说法。近年讲马克思主义的人,绝不提到《资本论》里对资本主义起源的更逼真的解释,我觉得是很可诧异的。在《资本论》里,马克思把资本主义分为两个时期:

一、手工制造时期,

二、机械制造时期。

照定义,在资本主义的手工制造时期,蒸汽机还没有出现,怎么说出蒸汽机的发明,造成资本主义的社会呢?马克思以他所目击的英国为例,资本主义发生的先决条件是大量无产无业的"普罗列特列亚"聚集都市,以供拥有资财的人的利用。因为海外市场对英国毛织品的需求,使得这样制造事业(起初是由小规模的工场和家庭出品的收集来供应的)在英国特别繁荣,同时羊毛的价格也大涨。于是拥有巨量土地的贵族,纷纷把本来供耕种用的土地收回做牧场,同时把原有永久的佃户驱逐。这大量被剥夺了生产的资藉的农民的聚集都市,和海外市场对英国织造业的继续增长的需求,便是造成最初出现于欧洲的大工厂的动力。以上都是马克思在《资本论》里的说法。我们更可以补足一句：蒸汽机的发明也适应着海外对英国织造业的继续增长的需要的（但非纯由于适应此需要。远在此时以前西方已有以蒸汽为发动力的机构，唯视为无用的奇器，陈列于博物院者而已），所以要明白近代西方生产革命的由来，不可忽略了西方航海事业的传统，要了解中西文化在其他方面的差异，也不可不注意西方航海事业的传统。

原载《思想与时代》第十一期，一九四二年六月。

数风流人物

大科学家张衡

讲到科学,我们中国真是"瞠乎其后"了。就物质的科学说,现在我国简直找不出一个创造家。这是何等可耻啊!但是,我们只要努力,不要自馁。试拿我们的科学史和西方的科学史一比较,在十三四世纪以前,我国也未尝"独后于人"。倘若现在我们能努力去继续从前的光荣,那么,在过了一千几百年后的我国科学史里,近世所占的几页是毫不相干的。我们努力啊!现在把我们的科学史抄出几页来和大家看看,或者也可以鼓起我们的勇气去努力。

这里所抄出的几页,是讲我国第一位科学家在科学上的贡献。我还要先声明:我介绍这位科学家,是用"传"的体裁。因为要使读者了解他"整个的人",所以对于他生平的行历,虽然和科学没有关系,也要说说。

一

我国的第一位大科学家是谁?曰:张衡。

张衡别字平子，后汉南阳西鄂人，即现在河南邓县，生于章帝建初三年（纪元七八年）。他的家族是当时累代著名的大姓。他的祖父张堪曾做过蜀郡的太守。

他性情很谦虚，淡静，虽聪明绝世，而没有骄尚的态度，但也不喜欢和俗人交接。他生平"不患位之不尊，而患德之不崇；不耻禄之不夥，而耻智之不博"（用《答难》中自述语）。

因为如此，所以从前中国一般读书人的做官热，他简直没有。永元间，当地的官吏举他为孝廉，他不行；公府里征聘他，他也不就。当时有一位炙手可热的大将军邓骘，仰慕他的才名，屡次召他，他也没有答应。后来安帝闻他的名，拜为郎中——一位近侍的官吏，品秩和前清的侍郎差不多。再迁为太史令，是一个掌理史事和历法的职任。因为他无意做官，所以好几年都没有升官。后来离了太史令职改官尚书郎。到顺帝即位又为太史令。这时候也许有些人笑他本事不好，不会高升。所以他做了一篇《答难》来表明他的意志。我们从这篇文章里，可以看出他的人格。没几久，他又迁为侍中，和皇帝很亲近。当时政权完全在太监手里，他于是上疏请"勿令刑德八柄不由天子。"他在皇帝跟前，也常时讽刺左右的人物。有一天皇帝问他："天下所痛恨的是什么人？"在旁的太监们怕他说自己坏话，鼓起眼睛盯住他。他只得含糊答应而出。那群太监到底怕他为后患，于是时时在皇帝面前说他长短。后来他外放做河间相，政绩极好。做了三年，他上书告老求归，征拜为尚书。这便是他在政界的履历。

他本来是一位文学家，自少便有文学天才。他做《两京赋》，"精思傅会，十年乃成"。一生的精力大半都费在文学上。著有诗、赋，箴，铭，《七言》、《应间》、《七辩》、《训诂》、《悬》等三十二篇，大部分现在还存。我们试把他的《两京赋》、《思玄》等篇一读，便晓得他在我国文学史上的位置了。

他也研究过经学。少年时在太学——当时的国立大学里念过书，并且"通《五经》，贯六艺"，曾著过一部《周官训诂》，这部书现在已不存。据他的同时人崔瑗说是"不能有异于诸儒"。也许他对于这种学问未尝有深刻的研究。他又想补孔子《易》说的缺漏，但是后来到底没有做成。

他对于汉代的掌故也很留心。永初中，两位姓刘的人在东观里司理著作，撰集一部《汉纪》，因为想定汉家礼仪，上疏请使张衡帮助他们。可是没多久这两人竟死了。衡常时叹息，想把它完成，到了做侍中的时候，便上疏请"得专事于东观，毕力于纪记。"书上后，皇帝没有答应。他又上书指摘司马迁、班固所记的错失十余事；又陈述他所主张汉史的体例。他所指摘和主张有价值与否，另为一问题，但是可以证明他尝有志于史学了。

二

上面所说，还没有半个字表现他在科学史上的位置。我为这位科学家做传，说了一大堆和科学没有关系的话，读者一定觉得讨厌。现在我要归入本题了。

在张衡那时代，像张衡一样对于科学的贡献是很不容易发生的。因为：

一、当时"图纬五行"之说——科学的大对头——盛行，差不多没有一门学问不被它盘踞。

二、当时政府所提倡，学问界所趋向，全在"古文派"的儒家。一般读书人，个个都向半伪的经典的一家师说里讨生活，永世不会望见师说以外的天日，那些艺成而下的东西，更不必说了。

张衡虽服膺儒家的经典，但是因为他平生"耻智之不博"，所以他对于儒者所以为艺而下的学问，如天文、历学、数学、机械等都尽力去研究。他对于当时时髦的图纬学极力反对。当他做太史令的时候，尝上疏请"收图纬一切禁绝之"，说图纬是"一卷之书，互异数事"的，是"欺世罔俗"的。这件事在我们今日看来本无足奇。但是在他那时候，图纬是帝王所祖述，儒者所争学的（《后汉书·张衡传》言："光武善谶，及显宗、肃宗，因祖述焉。自中兴之后，儒者争学图纬"），他竟能发生这大胆的反抗，我们不能不佩服他的勇气。由此可见，他的治学精神，和当时的儒者，完全是两路的。因为如此，他挨当时人们的痛骂不少，所以他在《答难》里说："尝见谤于鄙儒。"后来还要劳范蔚宗在他的传里替他辩护，说他不是一个"艺成而下"的人！

他在科学上的贡献是什么呢？下面要分开来说。在分述之前，请先说说他关于科学的遗著。

一、《灵宪》一卷，《灵宪图》一卷。《灵宪》是他的天文学著作，《灵宪图》是一部天文图。这两部书，《隋书·经籍志》都有记载。到《唐书·经籍志》，《灵宪》便亡了。过了宋代，《灵宪图》也亡了。《灵宪》一书，后人从类书和引用他的书里辑出首尾相续的还有一千五百多字。

二、《浑天仪》一卷，这部书是他的浑天仪器的说明书，隋唐志都有著录，到宋便亡了。现在也有辑本。

三、《算罔书》一卷，这书《隋志》尚存，《唐志》便亡了。现在无只字可考。

我们根据这些残阙的遗著，和《后汉书》里头的《张衡传》、《律历志》，以及《晋书》、《隋书》的《天文志》中关于张衡的记载，和《九章注》所引张衡的算法，大略还可以考见张衡在科学上的贡献。

三

1. 张衡的天体说及天象的新解释。

张衡是主张浑天说的。浑天说创于汉武帝时之落下闳。可惜落下闳的学说，现在没有半个字可考。张衡说天体道：

> 浑天如鸡子。天体圆如球，如弹丸。地如鸡子中黄，孤

居于内。天大而地小，表里有水。天之包地，犹壳之裹黄。天地各乘气而立，载水而浮。周天三百六十五度四分度之一，又中分之，则一百八十二度八分之五覆地上；一百八十二度八分之五绕地下。"（《浑天仪》）

这种解说，拿现在的眼光来看，浅薄极了。但是比之他以前的天体说，其进步真不可以道里计了！

他说地如鸡子中黄，是打破从前"天圆地方"的谬说；他说"地孤居于天内"、"乘气而立"，是打破从前"天柱地维"的谬说；又他以为是半覆地上、半绕地下，越发和近代的科学解释有点接近了。最奇者，他说地是"载水而浮"，和希腊的泰利斯（Thales）竟不约而同（参看 W. T. Sedgwick and H. W. Tyley 的 *A Short History of Science*, P.45）；他说"地如鸡子中黄"，和希腊 Milesian 说地在天之中心，也有点相似（参看同书页四十六）。

他解释月所以有光和圆缺的缘故说：

夫日譬犹火，月譬犹水；火则外光，水则含影。月光生于日之所照，魄（谓月亏也）生于日之所蔽；当日则光盈，就（此字疑有误）日则光尽也。"（《灵宪》）

又以为：日之所以有光，也是这个道理，但是星的光是由月转给它的，所以说："众星被耀，因水转光。"（《灵宪》）

星和月的光，既是由于日之直接的或间接的所照，为什么有的时候他们正"当日之衡"却会没有光——即是交蚀——呢？他解释这点，说是因为"蔽于地"，所以说：

> 当日之冲，光常不合者，蔽于地也。是为暗虚，在星，星微，月过则蚀。(《灵宪》)

他在二千年前，解释月光，月的圆缺，和交蚀等现象，和近代科学的解释，竟不爽毫厘。这不独是张衡在科学史上的荣耀，也是我国在文化史上的荣耀啊！虽是月假日光的道理，在张衡以前的泰利斯也尝说过（参看 A Short History of Science, P. 44），但张衡对于月盈缺和交蚀的解释，实非泰利斯所能梦见。

2. 历学及浑天仪。

张衡做过两任太史令，历学是他的职掌。他曾和当时的历家辩论过。他的历学，大半祖述前人，没有什么发明。他在我国历象界的功劳，完全在浑天仪的创造。

浑天仪是什么一件东西呢？这件仪器，是用铜制的，他在铸造之先，曾用竹片针……等物做了一个小模型，名为"小浑"。他制造这模型的方法，现在辑本的浑天仪还有详明记载。我们还可以依他的方法重造一个。海内的仪器制造家何不试试？

3. 候风地动仪及其他机械之制造。

张衡极精于机械之制造。他的浑天仪，固然是他的天文和历学的结晶，也是他机械精巧的表现。此外他的机械制造还不止此。

阳嘉元年（公元一三二）张衡造了一个测验地震的仪器，名"候风地动仪"，用精铜铸成，圆径八尺，上面有突起的盖，形状很像一个酒樽。上刻篆文、山龟、鸟兽等形状来做装饰。中间有一条主要的柱。旁边有八处，可以施放机关。外有八条龙，每条龙口里含着一颗铜丸，下面有蟾蜍张口来接。机器隐在樽的里头，覆盖得很周密，没有一些罅漏。如有地震，樽便受振动，龙内的机关发动，把铜丸吐出，落在下面蟾蜍的口里。铜丸落下的时候，发生很大的声响，伺候的人便可晓得。地震时，只有一条龙的机关发放，其余的一些都不动。寻那条龙所指的方向，便晓得地震所在。经过事实的证明，是很应验的。有一天，其中一条龙的机关发动了却没有觉得地震。于是京师的学者，都怪他靠不住。过了几天，驿站里的消息传来，果然是陇西地震。众人才服他的神妙。

这件仪器的确是科学界的一大创作。可惜它的内容，和它所根据的原理，现在都不可考了。

他又曾制造过一架三轮自转的机器，可惜这种机器，现在也失传了。

他又尝制造一个土圭——测日影的仪器，但是正史也没有记载。此外他制造的仪器，正史里没有记载的一定不少。可惜现在已无可考了。

四

从上面所述看来，张衡在科学上的贡献，真正不少。他不独是我国科学史上的第一个人物，他在世界科学史也有不朽的位置。可惜他的学业，几千年来，竟没有人继续下去，也没有发生什么影响，并且连他苦心孤诣的发明，也和他的生命一齐死灭。这不独是我国文化的损失，也是世界文化的损失啊！

此文发表于一九二四年《东方杂志》第二十一卷第二十三号，题为《纪元后二世纪间我国第一位大科学家——张衡》。该文写得比较通俗，这里略有删改。第二年，张荫麟又发表《张衡别传》，"考求张衡生平事迹"。

近代中国学术史上之梁任公先生

任公先生一生之智力活动，盖可分为四时期，每时期各有特殊之贡献与影响。

第一期，自其撇弃词章考据，就学万木草堂，以至戊戌政变以前止，是为"通经致用"之时期。

第二期，自戊戌政变以后，至辛亥革命成功时止，是为介绍西方思想，并以新观点批评中国学术之时期，而仍以"致用"为鹄的。

第三期，自辛亥革命成功后，至先生欧游以前止，是为纯粹政论家之时期。

第四期，自先生欧游归后，以至病殁，是为专力治史之时期，此时期渐有为学问而学问之倾向，然终不能忘情国艰民瘼，殆即以此损其天年，哀哉！

先生第一期之智力活动，全受康南海之影响。此时期之梁先生，实为康南海附庸。吾确信即起梁先生于九原，当不以此为降抑之词也。而此后三时期之活动，实于此时期奠其基。故欲论近代学术史上之梁先生，不能不一论康南海。

康南海者，我国"经学"史上数座巨峰之一也。"经学"在中国历史中之地位，与哲学之在欧洲历史中之地位相当。其在西方史中，每当社会有剧变之世，哲学必先之或缘之而变；其在中国史中，每当社会有剧变之世，经学必先之或缘之而变。

经学之成立，在西汉初。自此以后，凡经五变。西汉末古文学兴，是为一变，此时期之代表人物为刘歆。魏晋之世，学者援老庄说经，是为二变，此时期之代表人物可推王弼。宋儒以"性理"说经，是为三变，此时期之代表人物为朱熹。清代汉学家专从训诂校勘方面治经，是为四变，此时期之代表人物为王念孙。道咸以降，西汉今文学复兴，"非常异义可怪之论"炽，是为五变，此时期之代表人物为南海康有为（以上所陈之经学史观，乃作者臆见，兹仅发其凡，除论康南海为本文中应有之义外，余俟另为文详之。）

康南海者，非开辟之人物，而集大成之人物也。

当鸦片战争前后，我国知识界先后衍成三种趋势：

一、乾嘉间朴学之正统派有二特点，其一则重文字之解释而轻义理之阐发，其二则解经以许、郑、贾、马为宗，皆守刘歆"古文"之学者也。然境域之垦辟既尽，则思迁移，正统派之宰制既久，则起反动。嘉道间，庄存与始将久遭湮埋之"今文"学中何休《公羊传注》掘出，著《春秋正辞》，专求公羊之"微言大义"及"非常异义可怪之论"。其后,刘逢禄复著《春秋公羊经传何氏释例》扬其波。刘又著《左氏春秋考证》,谓《左氏春秋》本不解经,经刘歆改头换面而成现今之形式,是为近代今古文之争之第一次交接。其后魏源著《诗古微》,攻《毛传》及大小序;著《书古微》,攻马、郑之说,邵懿辰著《礼经通论》,言古文《逸礼》为刘歆所伪造。而今文学与古文学之争,壁垒愈坚固。今文学之兴,是为第一种趋势。

二、自鸦片战争而后,少数有知之士,怵国运之凌夷,虑大难之将至,知非于词章考据之外,别求经世致用之学不可。龚自珍及魏源之著作,即表现此种趋向。后经洪杨之乱,四海沸腾。一时削平大难之功,端赖实行之人,益见徒事呫哔之无用。而曾、左辈盱衡当世,每叹才难,提挈诱掖,不遗余力。讲求实用,是为第二种趋势。

三、鸦片战争之结果,虽未能醒中国人之迷梦,亦已使其知汽船钢炮之不可忽视。当洪杨时代,英法以舟师数千,直捣京畿。其后敉平江南,以倾国之师,收效之速,不若英将戈登一旅之众。此等事实,已足使不甚顽固者坚信泰西之优胜,而有模仿之必要。故乱定后,曾国藩辈即兴建福建造船厂、江南制造局及江南译书局,并派人出洋留学。初仅注意其器械及战术,渐乃及其政法。薛福成及郭嵩焘,此种运动之代表人物也。效法泰西,是为第三种趋势。

康南海者,于此三种趋势,各集其大成,而复熔之于一炉,抟之为一体，以鲜明之旗帜，恳切之呼吁，宣传其说，而卒以易天下者也。梁启超者，在此旗帜下一员最有力之大将也。

戊戌政变，在政治上为彻底失败之运动，而在"社会思想"上，实为一扫霾拨雾之飓风。其影响之显而见者，在此时前后，国民日用语中，不知增加几许新名词、新口号，若变法也，改制也，民权也，平等也，自由也，议会也，立宪也，废科举也，举学校也，重女权也，戒缠足也，不可殚列，举国观听为之一新。综论其结果，在政治则促起"维新"之自觉，在青年思想上则促起"新学"之自觉。凡此乃旧时代与新时代转变间之一大关键，而康梁实与有转移之力也。

试一观当时中国风气否塞至何程度，便知康梁辈之功绩。光绪十四年，康氏初上变法之书，举世目为病狂，大臣格不代奏。其后引用，朝野哗哄，攻击环集。戊戌秋，有平江苏舆者，集当时抨击康党最力之著名文件，都七卷，名《翼教丛编》，而为之序曰：

> 甲午以来，外患日迫。……言禁稍弛，英奇奋兴。而倾险淫诐之徒，杂附其间。邪说横溢，人心浮动。其祸实肇于南海康有为。……自黄公度为湖南盐法道，言于大吏，聘康之弟子梁启超立讲时务学堂，张其师说。一时衣冠之伦，周顾名义，视为教宗。其言以康有为之《新学伪经考》、《孔子改制考》为主，而"平等民权"、"孔子纪年"诸谬说辅之。伪六籍，灭圣经也。托改制，乱成宪也。倡平等，堕纲常也。伸民权，无君上也。孔子纪年，不知有本朝也。……许尚书、

文侍御既以参劾获罪。……张香涛尚书《劝学篇》，王干臣吏部《实学报》，辞而辟之，未加显斥。吾湘如王葵园祭酒、师叶焕彬吏部数先生，洞烛其奸，摘发备至。……而（其后）康梁以逆谋事觉，乱党逮治。区夏好士，钦仰皇威，弥然自乐其生。

若是乎，则当时之康梁，不几夫今日之"赤化者"哉。

自维新派与革命党为政敌，革命成而维新派被目为罪魁，而不知二者表相反而里实相成也。"国民革命"（此词始见于《同盟会宣言》，今党军名国民革命军，殆即本此）运动，实行先于言论。党人最著名之机关报，曰《苏报》，曰《民报》。然《苏报》始于癸卯（一九〇三），旋被封禁，上距《时务报》（梁任公在上海初办之报）之创办已七年矣。《民报》始于乙巳（一九〇五），上距《清议报》（梁任公在日本初办之报）创办已六年矣，视《新民丛报》之发刊亦后四年矣。《苏报》、《民报》以前，党人盖未尝明目张胆以言论学说昭示国人。国人之于革命党，不过视为洪杨之继起者而已。自乙未（一八九五）至乙巳十年间，肩我国思想解放之任者，实唯康梁。虽其解放之程度不如党人，然革命学说之所以能不旋踵而风靡全国者，实因维新派先解去第一重束缚，故解第二重束缚自易易也。且梁任公自逃亡日本后，在《清议报》及《新民丛报》中，掊诋满洲执政者不留丝毫余地。清室之失去国人信用，梁任公之笔墨实与有力焉。清室既失去国人信用，而朝廷上又无改革希望，故革命势力日增也。此又梁任公无意中间接帮助革命之一端也。吾故曰维新党与革命党表相反而里实相成也。自乙巳同盟会成立于东京，而维新党遂成过去之陈迹。波澜起伏，前后相推。四时之运，成功者退。个人之得失，何预于其历史上价值哉。嗟乎，此固未易为今之以标语为金科、口号为玉律者言也。

自任公亡命日本后，诵习日文，因间接得窥西洋名哲之学说，而识力日扩。此时之梁先生，已非康南海所能范围。自述曰（《清代学术概论》第二十六节）：

> 启超自三十以后，已绝口不谈"伪经"，亦不甚谈"改制"。而其师大倡设孔教会、定国教、祀天配孔诸义，国中附和不乏。启超不谓然。屡起而驳之。……（以为）中国思想之痼疾，确在"好依傍"及"名实混淆"。若援佛入儒也，若好造伪书也，皆原本于此等精神。以清儒论，颜元几于墨矣，而必自谓出孔子。戴震暗合西洋思想，而必自谓出孔子。康有为之大同，空前创获，而必自谓出孔子。乃至孔子之改制，何为必托古？诸子何为皆托古？则亦依傍混淆也已。此病根不拔，则思想终无独立自由之望。启超于此三致意焉。然持论既屡与其师不合，康、梁学派遂分。

自戊戌至辛亥间，先生之所贡献于国人者，除应时之政论及激发国民爱国心之宣传外，尚有三焉。

一则介绍西方学问。国人之得闻亚里士多德、培根、笛卡尔、斯宾诺莎、康德、卢梭、霍布士、边沁诸家之学说，实自先生之著作始也。虽间接稗贩，每多隔膜与纰缪，然微先生之力，当时孰知除帖括、词章、考据以外，除坚船、利炮、铁路、银行之外，除法律、宪典之外，形而上者，尚有宗庙之美、百官之富耶？其于形上之学，激发好奇之心，引起探讨之兴趣，实为此后新文化运动之伏线矣。

二则以新观点批评中国学术。换言之，即我国学术之第一次重新估价。其论周秦诸子，其论管子、墨翟，其论商鞅，其论王安石，论孔教，论佛教，皆一扫传统观念，而为今日吾人大多数对于此诸家之观念之所基。此时先生批评中国学术之结晶，尤在《论中国学术思想变迁之大势》一长文。此实第一部有统系之中国学术史。一气呵成，前无凭借，非有绝伟之识力，其曷能与于斯！胡适自言其立志治中国思想史，实受先生此文之影响。则民国六七年后"新汉学"之兴起，先生盖导其源矣。

三则以新观点考察中国历史，而提出史学革命方案，始倡"于官报及帝谱而外，别创以民族及文化为对象，借国民之照鉴"之历史。其于《新民丛报》中，《新史学》、《中国史叙论》已发其凡。于《中国历史上革命之研究》、《历史上中国民族之观察》、《世界史上广东之位置》及《赵武灵王传》、《张博望、班定远合传》、《王荆公传》、《郑和传》、《中国殖民八大伟人传》等篇中，复示其例。后有作近代中国史学史者，不能不以先生之名冠其篇矣。

从学术史上观之，自辛亥至戊午七年间，实为先生一生最不幸之时期。盖自辛亥革命成功后，先生在政治上实与康南海同为落伍之人物。历史上之趋势如此，非人力所能转移。为先生计，使自此时以后绝迹仕途，埋头著述，则其所贡献于中国学术者当如何？乃不出此，挟其历史上宝贵之地位，旋进旋退于军阀官僚、奸雄宵小之间，卒无补于国，而学亦荒，岂不惜哉。此时期先生在政治上之主张可以一言蔽之，先从民智民德方面着力，而以温和渐进之方法改善其政治上及经济上之地位。唯其侧重民智民德，故于政治及经济上无具体而坚执之计划；唯其采温和渐进之手段，故易于优容军阀民国以后先生在政治上得失之林，可得而论也。

及欧战甫终，西方知识阶级经此空前之大破坏后，正心惊目眩，彷徨不知所措。物极必反，乃移其视线于彼等素所鄙夷而实未尝了解之东方，以为其中或有无限宝藏焉。先生适以此时游欧，受其说之熏陶，遂确信中国古纸堆中有可医西方而自医之药。既归，力以昌明中国文化为己任，而自揆所长，尤专力于史。盖欲以余生成一部宏博之"中国文化史"，规模且远大于韦尔思之《世界史纲》。而于此中寄其希望与理想焉。天不假年，抱志以殁，实中国史学史上之一大损失矣。然其之见之主要成绩可得言焉：（一）《中历史研究法》一书。虽末达西洋史学方法，然实为中国此学之奠基石。其举例之精巧亲切而富于启发性，西方史法书中实罕其匹。（二）关于学术史者。《先秦政治史》及《墨子学案》《老子哲学》等书，推崇比附阐发及宣传之意味多，吾人未能以思买止确许之。唯其关于中国佛学史及近三百年中国学术史之探讨，不独开辟新领土，抑且饶于新收获，此实为其不朽之盛业。（三）先生《中国文化史》之正文，仅成《社会组织》一篇，整理犹未完善。然其体例及取材全空依傍，亦一有价值之创作也。（四）关于文学史者。除零篇外，以《陶渊明》一书（内有年谱及批评）为最精绝。报载其作《辛稼轩年谱》，乃力疾属草，实成绝笔。他日此书印行，当为我国学术史上与人印象最深之纪念物也已。

近两年来，先生在衰病中，医者禁其著作，已久与中国史学绝缘。而我国史学界亦日冷落，至于今而益甚。不学无术之人因缘时会，凭借结纳，亦且披猴冠而登坛坫焉，不知我国史界之剥，何日始复也。

原载《学衡》第六十七期，一九二九年一月。又见《大公报》一九二九年二月十一日。按浦江清《清华园日记》一九二九年二月六日："荫麟纪念梁任公之文……甚佳，颇能概括梁先生晚年思想上及学术上之贡献。"

梁任公辛亥以前的政论与现在中国

偶然以贱价购得一部乙丑重编的《饮冰室文集》,寒夜披展,一温童年心醉的旧读,不禁感慨系之。

任公先生的政论,在三十年前已被目为落伍,现在还要重提它,而且拿来和现在的中国连在一起,这岂不是落伍之尤?但我有点历史迷,苟前言之可资,虽落伍而不顾。

但有一点要表明,任公先生始终对于经济的个人主义的容忍,和对于俄国之"赛本能"(quasi instinctive)的畏忌,我是不分受的。尝读叶昌炽的《缘督庐日记》,在戊戌九月记道:"子静自津来云,康梁变法意在联英、日以自固,此次皇太后训政,俄国实为之主谋。"主谋未必,与西后拉拢则绝有之。任公先生之毕生恶俄,得毋以此?假如应用"心解"家的诛心之法,我并且要在这里找寻他晚年过分怕红的原因。

但撇开他的经济和外交主张,他在辛亥以前的言论,出乎我意料之外的,有一大部分,只要稍为改换几个字眼,便可以做现在很应时的星期论文。我打算奉劝喜欢翻印旧籍的书贾们,便是广智书局版的《饮冰室文集》,现在也有重新铸版的价值!

我很不愿意相信历史会重演，但有时不能不感觉着历史确在重演。

任公先生在辛亥前的地位、的问题、的困难、的悲痛，和现在一切没有禄蠹气息而言论还能与世相见的改良派的地位、的问题、的困难、的悲痛，一模一样。天知道，他最后的失望会不会是现今改良派的最后失望！

讫辛亥革命爆发为止，任公先生在政论上的悲剧是这样。他对于流血的恐怖和瓜分的危惧，使他不得不反革命。他的一点悯世心，使他无法容忍现实政治的黑暗。他万分好意地劝革命党偃旗息鼓，结果言者谆谆，听者藐藐。他万分好意地劝政府彻底改革，结果言者谆谆，听者藐藐。他不能不说话，而且最能说话，而且说的话最多，但他说的话，不独对于原来的目的，全不济事，而且使他受着左右夹攻。下面所引他衡量两方敌人的话（本集卷三二，叶一至五），我至今重读，还不免低回留恋，同时又太息痛恨于盖世雄文的浪掷：

> 汉唐宋明之主，饵丹药以祈不死，死于丹药者项背相望也，而踵而饵之者，亦项背相望也。夫天下有共知为鸩而偏饮焉而甘焉者，昔吾不信，今乃见之。……革命党者，以扑灭现政府为目的者也。而现政府者，制造革命党之一大工场也。……举中外大小官僚以万数计，凤暮孳孳，他无所事，而唯以制造革命党为事。制造之之原料，搜罗焉唯恐其不备；制造之之机器，扩张焉唯恐其不足；制造之之技术，讲求焉唯恐其不良。工场日恢，出品亦日富。……

革命党何以生？生于政治腐败。政治腐败者，实制造革命党原料之主品也。政治不从人民之所欲恶，不能为人民捍患而开利，则人民于权利上得起而革之，且于义务上不可不起而革之。此吾中国圣贤之教，其微言大义存于经传者不知凡几，不俟赘述。先民之循此教义以行，其事实之现于史乘者，亦既屡见不一见，初无待泰西之学说始能为之鼓吹也。而今之革命论，其旗帜视昔若益鲜明，其壁垒视昔若益森严，其光芒视昔若益磅礴……

政府一面以制造革命党为事，一面又以捕杀革命党为事。……夫革命党所持之主义，吾所极不表同情也，谓其主义之可以亡中国也。虽然，吾未尝不哀其志。彼其迷信革命之人，固一国中多血多泪之男子，先国家之忧乐而后其身者也。多血多泪、先国家之忧乐而后其身之人，斯亦国家之元气，而国家之所以立于天地也。其曷为迷信此可以亡国之主义？有激而逼之者也。激而逼之者谁？政府也。以如是之政府，非底于亡国不止。等是亡也，不如自亡之而希冀万一于不亡；此彼等之理想也。其愚可悯，其遇可悲也。使彼等而诚有罪也，则现政府当科首罪，而彼等仅当科从罪。何也？非有现政府，则无有彼等。政府实彼等之教唆人也。乃政府全不自省，而唯以淫杀为事，甚且借此为贡媚宦达之捷径。舞文罗织，作瓜蔓抄；捉影捕风，缇骑四出，又极之于其所往。……

天下唯不洁之人，斯生虮虱；亦唯不洁之人，日杀虮虱，方生方杀，方杀方生，早暮扰扰，而虱无尽时。不若沐浴更衣，不授以发生之余地。政府与革命党之关系，盖正若是也。今而日务杀不已，传曰：尽敌而反，敌可尽乎？徒使革命党以外之人，犹不免洒一掬同情之泪于彼辈，而对于政府增恶感焉。

为渊驱鱼，为丛驱爵（雀），而于政府果伺利也？大当虮虱之方生，而沐浴更衣绝其源者，日本政府是也。当虮虱之既盛，而终日疲精神于扪虱者，俄罗斯政府是也。而日俄两国之荣辱，与其政府诸公之安危，即由是判焉矣。我国现政府之实力，自谓视俄政府何如？俄政府行之而犹失败者，乃欲踵其覆辙以图成功，中智以下，信其不能；而当局者瞢然未有觉焉。吾所谓共知为鸩而饮而甘之者，此也。

在当时谁能说出比这更淋漓、更精核的话？然而谁理会它呢？

任公先生所最怕实现的预言终于实现了。在辛亥九月，他很沉痛地忏悔道（本集卷三四，叶一五）：

虽然，吾盖误矣。今之皇室，乃饮鸩以祈速死。……使彼数年以来，稍有分毫交让精神，稍能布诚以待吾民，使所谓十九条信条者，能于一年数月前发布其一二，则吾民……当不屑龂龂与较也，而无知始终不寤，直至人心尽去，举国皆敌，然后迫于要盟，以冀偷活，而既晚矣。

现在有没有一些前进的人所想望而不得的"十九信条"？

思之，思之，愿有"思之"之责者思之，毋使后之视今，亦犹今之视昔！

原载于《大公报·史地周刊》第七十九期，一九三六年四月三日。

梁漱溟先生的乡治论

一面知其确有必要,一面又深知其难,则必得想个好方法。我若无好方法,我断不敢下手去作。

梁漱溟先生是现今国内很少有的一个肯思想、敢思想而且能思想的人。近来他的思想集中于一个问题:中国民族如何自救?结果的一部分,便是我现在所需要论及的一部书:《中国民族自救运动之最后觉悟》。在这部书里,他对于我国政治上的一个根本问题及其答案,想得透彻,看得清楚,说得有力。因此,凡对于我国政治,不拘有理论的或实行的兴趣的人,都应当细读这部书,而且读了一定会深省。

这部书的内容可析为两部分。(甲)一个改革运动的方案,和(乙)一种历史的解释,用来作这方案的根据。梁先生把(乙)项放在前头,(甲)项放在后头。我现在却要颠倒其次序来讨论。因为,依我看来,这两者之间并没有密切的关系。他的改革方案的价值,绝不视乎他的历史的解释的真确程度而定。几乎没有例外的,自来伟大的社会改革理论家总喜欢提出一种历史解释来把他的政治方案"合理化"(rationalize),而亦同样没有例外的,他们的政治方案虽然适合于一时一地的需要,而他们的历史解释却是错误的。"国家的契约起源说"之于民治主义,黑格尔的历史哲学之于国家主义,唯物史观之与共产主义,都是很好的例子(关于黑格尔的历史哲学及唯物史观,予别有说,参看《国风》第三卷第一号拙作关于历史哲学之文),所以我们不必把一个改革方案的"历史理由"看得很重。

梁先生在近三十年来我国的政治运动里,看出一件很可悲(之)事实。我国本来是一个漫散的村落社会,而过(去)的改革家却置村落于不顾。他们的工作,大抵是要把种种西洋都市文明的产物,无益而有害于村乡生活的组织,加诸这村落社会之上,结果他们的组织固然失败,而这□□多万的村落,为中国的躯干的,已被蹂躏到体无完肤:

> 欧洲近代文明,一都市文明也。景仰都市文明,岂所以振拔乡村痛苦者?自教育、实业、警察、陆军之兴,法律、政治种种之改良,而乡村痛苦乃十倍于前!……自国民革命兴,而军阀益以强,捐税征发益以重。自共产革命兴,而土匪日以张,乡村墟里日以毁。纵将巍巍的中央政府成立起来,其如早已离开民众而至背叛民众何(页一八九)?
>
> 乍见其(欧洲人)强在武力,则摹取之;乍见其强在学校,

则摹取之；乍见其强在政治制度，则摹取之，乃在余事，凡见为欧洲人之以致富强者罔不摹取之。举资本主义的经济组织之产物，以置办于此村落社会，而欲范之为近代国家；近代国家未之能似，而村落社会之毁其几矣。凡今日军阀、官僚、政客，一切寄生掠夺之众，百倍于曩昔。苛征暴取千百其途，而彼此相争杀，更番为聚散，以肆残虐创夷于村落者，何莫非三四十年来练新军、办学校、变法改制之所滋生所酿造乎（页二九〇）？

现在中国社会，其显然有厚薄之分、舒惨之异者，唯都市与乡村耳。此厚薄之分，在旧日固已有然。自西洋式的经济、西洋式的政治传入中国，更加取之此而益于彼。近年军阀与土匪并盛，一切压迫掠夺所不敢施什于都市者并集于乡村；现饱则扬于都市。固然中国无所谓逃于封建领主的自由市民，然身体、生命、财产的自由，在都市居民还有点，乡村居民已绝对无可言者。乡村居民的痛苦，表现中国问题的焦点（页一八八）。

这些话说得何等沉痛而切当！总观这四十年来列强的侵略，和本国政治上一切改革设施的结果，无非直接地或间接地、消极地或积极地诱迫人民离开乡村，抛弃农业，而这些离开了乡村抛弃了农业的人，大部分并不得到其他生产的工作。这便是国家贫困和扰乱的立源。

欧洲近二百年来的社会趋势，也是"都市化"和"反乡村化"（dissimilation）同时并进。但是，在那里促进"反乡村化"的原因，乃在工业和国外贸易的发达。故此，离开了乡村的人有工厂可入。他们虽然是被榨取者，又因为国际贸易的伸缩性，他们诚然有时会失业，但到底还有人肯去榨取他们，他们到底还有业可失。若在我国，则工业和国外贸易只有退而无进。日渐增加的离开了乡村的人除了自杀以外，只有四条路可走：当土匪、当流氓、当兵和做官，而土匪、流氓、兵和官终成为四位一体，国家安得不乱！

因乡村崩坏而无业的人增加，因无业的人增加而乡村愈崩坏。同时，守着乡村、无路可走的人，大多数离"饿死线"不远。简单地说，这便是中国的现状，这便是中国的问题。

在这种情形之下，谈改革的人（除了追随欧洲的覆辙以外）理论上有三条路可供选择：

（甲）用国家资本主义的方法，促进工商业的发达，使无业的人有业可归，把不能乐居于乡村里的人吸收到都市里。

（乙）改善乡村生活，一方面使现居乡村的人得以遂其生，乐其生，以防止更进一步的"反乡村化"，而同时使在乡村外无业的人可以回到乡村里来，以促进乡村的繁荣。

（丙）以上两条路（至少在理论上）并不是互相冲突的，因此可有一种折中的办法将二者兼容并取。以我所知，南京《旁观》的编者何浩若君便是主张这种办法的，而现今俄国所走的，大致上亦正是这条路：一方面发展国家的实业，一方面鼓励并扶助私农合作。

梁先生是主张第二条路的。他的着眼点完全在乡村。就这方面而论，我认为梁先生是完全对的。我并不是说，要造成一个独立自足的国家，可以忽略了工业。但发展工业的方法，不外个人私营和（地方政府或中央政府）公营。现在若提倡私人资本主义，无论其（如何）不能实现，即能实现，直不啻为将来造恶因，而于目前大多数人的福利也无补。现在若提倡国家企业，还远非其时。看哪，一个招商局和几条国有铁路，已经闹成个什么样子！在廉洁政治上未有保障以前而讲国家的企业，只是为贪官污吏制造发横财的机会而已！在目前，我们如若对于国民生活的改善，不愿意做些基本的工作则已，如若愿之，最有效的路，确是如梁先生所暗示的，到乡村去！

但是，到乡村去做什么？

让我们先问（一）要做成功些什么？次问（二）怎样做法？

对于第（一）个问题，梁先生的答案如下：

> 然则吾民族自救之道将如何？天下事固未之思耳，思则得之。夫我不为一散漫的村落社会乎？一言以蔽之曰，求其进于组织的社会而已。组织有二：一曰经济的组织，一曰政治的组织。欲使社会于其经济方面益进于组织的，是在其生产及分配的社会化……使旧日主于（各村落？）自给自足的经济而进为社会，则散漫的村落将化为一整组织的大社会；是曰社会主义的经济组织之社会。……欲使社会于其政治方面益进于组织，是在政治的民治化。政治的民治化愈彻底，

则社会于其政治方面益进于组织的。所谓政治的民治化者,含有个人自由权之等量与公民权的普遍二义(页二九一)。

对于第(二)个问题,梁先生的答案如下:

窃尝计之,使吾人能一面萃力于农业改良试验,以新式农业介绍于农民,一面训练人才提倡合作,一面设为农民银行吸收都市资金而转输于农村,则三者连环为用:新式农业非合作而贷款莫举;合作非新式农业之明效与银行贷款之利莫由促进;而银行之出贷也,非其新式农业之介绍莫能必其用于生产之途,非其合作组织。苟所介绍于农民者其效不虚,则新式农业必由是促进,合作组织必由是而促进,银行之吸收而转输必畅遂成功;一转移间全局皆活,而农业社会化于焉可望。……迨农业兴,工业必伴之而起;或由合作社以经营之,或由地方自治体以经营之,及不虑其走入资本主义。……农村产业合作组织既立,自治组织乃缘之以立,是则我所谓村治也。盖政治意识之养成,及其习惯能力之训练,必有假于此;自治人才与经费等问题之解决,亦必有待于此。……乡村自治体既立,乃层累而上,循序以进,中国政治问题于焉解决(页二九〇至二九一)。

而实行这方法之先决条件,为知识分子回到乡间去。梁先生设想中国问题解决的步骤如下(页一九〇):

一、必须有相当联络组织。

二、即从回乡的知识分子间之扩大联络,逐渐有于散漫无统记的中国社会，形成一中心势力之望。

三、……在乡间人一面（受了知识分子的影响），则渐得开化，不再盲动于反对的方向去，不为土豪劣绅所采弄，乐遇知识分子而不疑。双方各受变于对方，相接近而构生一种新动力，于是仿佛下层动力得了头脑耳目，又系上层动力得了基础根干。

此广大联合而植基乡村的势力一形成，则形势顿即转移过来，彼破坏乡村的势力乃不得软化威胁克服于我。

以上所引都是很浑括、很抽象的。更具体的办法，我们似乎不能在书里找到。但梁先生对他人所采用的具体办法的批评却很值得注意。梁先生根本不赞成"慈善式"的乡村事业。看他对于职业教育社在昆山徐公桥所办的乡村事业的批评：

> 诸位先生这般用精神用气力来作，效果安得无有？……但以全国之大数十万农村之多（职业教育社出版之《农村教育丛辑》，有每县三四十村、全国七八万农村的算法，殊为笑话，大约加三倍算，差不多了），以这般人才、钱财倒贴进去的作法，其人其钱将来求之于哪里？若说作完一处，再作一处，并希望别人闻风兴起，却怕中国民族的命运等不得那许久呢！这都且在其次，最要紧的是照此作法不是解决问题而是避开问题了。因为我们要作农村改进运动时，所最感困难的问题：一就是村中无人，一就是村中无钱。要有点知识能力的人回到乡村工作，村中亦无钱养活他。即能养他了，亦无钱去办种种的事（照此徐公桥的作法：人是外面聘请来的，他的生

活费是外面贴给的,办公所是外面贴钱修建的,道路是外面贴钱修筑的,教育事业亦是外面贴钱举办的。国难虽没有了,问题却并未解决——避开问题了(页二六〇)。

梁先生对于农村改革运动的难题,看得甚为清楚而周到,这可算是本书的最重要的贡献。我在篇首特别摘引那几句话(见本书页二八二)就是为此。关于这类困难,梁先生在批评山西村政时,列举了七项,说得尤为透彻(页二七九至二八八),可惜我在这里不能引入,只能提醒读者的注意。

对于这些难题的解决,从梁先生在本书里实在不曾给予我们什么"好方法"。我很怀疑他到现在已经想出了什么"好方法"。而且,若坚持着他的期望和标准,我实在不能看出有什么"好方法"。

让我们把他的难题放在更广大的背景。梁先生不是希望靠农村改革运动,在短时期内把中国起死回生、至少替中国大多数的民众消灾救难吗?("恐怕中国民族的命运等不得那许久呢!")要做到这步,至少得把改革运动的开端普及于全国的乡村。照梁先生的估计,全国有三十多万村落(这数目并不算夸大),想在一村做出有效的改革,恐怕至少要三个有知识、有热心而且能办事的人做领导,其中至少有一个要懂得农业。这一来我们就需要九十万领袖的人才,更不算上其联络、组织和指导的人才。而其中每人更要适合下列两条件之一:

(甲)能够维持自己及家庭的生活,而不靠改革运动去赚钱——

至少在运动开始后一长时期内如此。试想一个人还未替村里做出有效可睹的好事,而先求村人维持他的生活,除了用武力,他说的话有人听吗?还有,如若他是主脑的人(每村至少要有一个),须把全副精神用在改革运动,而不从事于其他职业。这样的人至少要有三十万。

(乙)在本村里找到可以维持自己和家庭的生活的可靠的职业,而同时有相当的余力做改革的运动。

这是人的问题。讲到钱的问题,梁先生希望"吸收都市资金而转输于农村",就每村而论,这只能是改革事业有了基础,有了成效以后的话。梁先生不是说,都市的资金"唯在军阀、官僚、商人、买办之手"而"屯之都市租界银行"吗?除了用革命没收的手段(但现在"革命"也革不到外国银行),我们有什么法子使他们把这些资金,从租界银行里提出,交到乡村里去呢?道德的训说吗?主义的宣传吗?"跪哭团"吗?以我所能想像,唯一的方法,只是用事实证明给他们看:农村的投资较有利可图,而这只能是新农业的建置有了成效的话。但在每一村要达到新农业的成效,就首先非钱不可,这些钱从什么地方来呢?假如从梁先生和我这样无拳无勇、无势无位的人,对一位多财的军阀、官僚、商人或买办说我们要在某村举办一些改革事业,非钱不行,请你仁慈地借给我们一些,将来定必本利清算。"甚至说:"并且要替你在农村里起牌坊,要请国府主席赠你'急公好义'的匾额。"他们不会嗤之以鼻吗？

试以最低限度每村五千元的发动费计算，我们得有十五万万元的资金。请问这钱从什么地方来？

而且人才和钱财还不是主要的难题。现在已经举行的农村改革运动的试验，都是在大都市附近而且是秩序较好的乡村，而且主持的人若不是本村开明的巨室，便是与本村开明的巨室有了联络的。所以梁先生看见的只是人才和钱财等等难题，但是全国大多数的村落都是在大都市附近、而且有安全的秩序的吗？都是有开明的巨室的吗？事实恐怕恰恰相反。

在大多数离大都市遥远的村落，一个县长、一个区长（现在大约都改写"公安分局长"了）、一个土豪、一个劣绅，就是皇帝，就是"Divine Shift"榨取者、而土匪比军队来得多，而且有力，甚且土匪和军队有时就分不清。试想几个有暖衣足食的能力的青年（自己不能暖衣足食，哪里有资格谈改革？）要回到那里，在路上恐怕就有被虏的危险。就算幸而回到那里，并且纠集了些资财来做改革的运动，这正是土匪、恶吏和豪绅们最好的榨取对象。即使恶吏和豪绅们先不积极地来榨取，而他们迟早是要和这些人的利益起冲突的。试想几个无拳无勇的青年，在互相勾结的恶吏包括军队和豪绅积威所劫的地方，要说反抗，岂非空话。

而且，热诚去做改革事业的人，从来是贪官污吏的公敌。在僻远的地方，他们把你加上"赤化"或"反动"的美名，杀了，因了,或暗杀了,有谁来问?我们睁眼睛看事实吧!不要以为全中国都是像徐家桥或翟城村这样的乐土,须知这是很少数的例外啊!

我有一个很热心替国家做事的朋友,在广东一个稍僻的县份(高明)当县长,最近接他的信,竟说无如"豪劣"何!因为豪劣天然是军队勾结的。试想豪劣与恶吏,有时虽官府亦为之束手,何况几个从事农村运动的书生?我想梁先生也许说,若从事农村运动的人联络起来,情形就另是一样,所以组织是必要的。殊不知当交通未开辟以前,在偌大的中国里,联络和组织也是空话。设想如今梁先生领导了一个农村改革运动,总机关设在北平,或河南,或山东,或山西,他有几个弟子回到四川或广东一处僻地工作,因而被土劣或恶吏们"刷"了,他要得到消息恐怕还在一个多月以后,得到了消息又怎么办?至多不过打几封石沉大海的电报。

照这样看来,难道农村改革这条路竟又是走不通的吗?

我说,这条路是可以走的,但是不要期望,或要求太大。

第一,不要认为农村改革运动是救国的单方,或唯一重要的药品(我相信梁先生也不作如是观)。

第二,不要希望在短期内把这运动普遍全国。我们非由小扩大不可,非忍耐等待不可。如若这是中国民族自救的唯一路,如若"中国民族的命运等不得那许久",那么,我敢说,中国的命运是已经注定的了，但事实上是如此吗？

关于农村改革运动的切实办法，我愿意侧重下面几点：

第一，目前初步的工作，自然是训练这方面的人才．但这种训练，要即寓于实行之中。绝不是在都市里办几所专事摇铃、上堂、听课、背书的学校所能收效的。如若办这类的学校，最低限度要于一些正在改革历程中的乡村里，而且所有学员要同时就是在乡村里做事的人，自然他们的工作在质的方面可以由不重要的而渐升为重要的，在量的方面可以由少而渐升于多。升到无可再升的人便是学成的人，其中一大部分可移到别处去用。

第二，在一个农村的改革发动的时候，不要避免"慈善事业式"的嫌疑。要用"慈善事业式的"领导做手段，以达到"非慈善事业式"的自治为目的。如若本村里的人肯自动地出钱，那是再好没有；如若不然，不妨商用公产；若更连公产也没有，不妨向外面找钱来开办。"愚民不可与虑始，而可与乐成"。等实效摆给他们看的时候，他们自然会愿意出钱来扩大。如若本村里有相当的人才，用本村的人才最好没有；如若没有，只好靠外处的人来创始，而训练本村中有希望的人，期其自立。这是唯一的正路。若不如此，只有束手唱高调！

第三，因此，从事农村改革运动的人，不妨与小资产阶级甚至资产阶级中开明的人联络（这种人虽然很少，却未尝绝无），利用他们的捐助或投借。

第四，农村改革发动的中心，要在都市附近，比较安静的乡村，取其交通便而阻力小。由此渐及其周围的乡村，而渐扩张其交通的便利，如是则联络易，而组织密。这并不是要避难就易，为的是，若不如此，则无从发动。不信试试看。曾国藩说得好，"大处着眼，小处下手"。我们可以套他的话说，"难处着眼，易处下手"。

至于在每一乡村里应做的事，梁先生主张（1）农业改良，（2）农民银行，和（3）合作会社，三者连环为用；然后缘合作的事业以立自治的组织，我们认为这是不易的纲目和程序。就这方面而论，梁先生所见的深刻确是值得我们称颂的。

在农村改革运动的进程中，梁先生理论上和实行上似乎都赞成和地方政府中可与合作的人合作。但他对于现在的政府，无论为好或丑，似乎都看得很轻。他理想中的政府，是要由乡村自治而上，一层层的由人民自动建筑起来，但在这样的政府成立以前，对于现在的政府存在什么希望，作什么样要求呢？抑或不存在任何希望，不作任何要求，而置之不闻不问，静听全国乡治完成后的自然变化呢？似乎后一说为近。梁先生是不赞成少数人以暴力夺取政权，不赞成"替人民革命"的。这种方法，我们也和梁先生同样的不能赞成。我们不能赞成的（道）理是很简单的。第一，在外忧煎迫之下，再经不起内变；第二，现在的政府若真正本着它所号称本着的主义做去，并不是会有很大的流弊的；第三，在更有希望的新政治势力出现以前，换汤不换药，是有损无益的，而每新政治势力的形成,乃是社会一般情势的结果,绝不是几个人所呼唤得来的。

即便是一个最弱的财(政)府,为善不足,为恶却有余,但就其对于乡村改革的阻力和助力而论,其关系已不少。何况在现状之下,如有一个像样的政府,国家无以自存?我们既不主张推翻,便当设法改善。

怎样把现政府改善?这也是中国有知识的人目前一个急切的问题。所以我说乡村改革运动不能认作救国的单方。

我们不能像梁先生那样,把现政府漠置。我们对它不能不作一些迫切的要求。我们对它初步的要求,不能过著,但最低限度要它做到下列二事:

去贪污;

守法律。

这两点的重要是人人承认、人人知道的。不绝贪污,政府多办一事,便多耗国家一分元气,即不办一事,也坐耗国家的元气。法律无效,大部分人民还不知安全和自由为何物,遑言乐生遂生?遑言急公爱国?

去贪污和守法律只是一件事的两方面。法律绝不会容许贪污,贪污的人必定玩法。在上的把法律看作儿戏,在下的必定贪污。在上的贪污,在下的必定把法律看作儿戏。这也是人人知道、人人承认的。但光知道、光承认,有什么用处?我们至少要集中一些力量对这些恶势力作不懈的、鲜明的、有组织的搏斗。倘若我们相信舆论是有效的，我们应当调动舆论的全部去对付他们（舆论所要讨问的不是笼统的、抽象的贪污或玩法，而是具体的、特殊的贪污和违法的事件和个人，不然舆论只等于放空炮，便是贪污和玩法的圣手也不妨厚着面皮，扯起嗓子，应和几声。这是以后领导舆论的人所当注意的）。倘若我们相信消极的不合作是有效的，我们应当互相诰（告）诫，互相号召，对于那些有贪污和玩法的劣迹的人，尤其是那些口说心违、朝三暮四的人；那些一面大喊打倒贪污一面在租界大买洋房；一面严令铲烟，一面包运鸦片的人，应当贱之若狗彘，远之若蛇蝎，秽之若粪溺，更不用说在他们手下做走卒，更不用说以一望他们的颜色、一聆他们的馨欬为毕生莫大的荣幸！

积极地集中舆论去诛杀贪污玩法，消极他（地）提倡对于贪污和玩法的人绝对的不合作——这些，我认为与农村改革运动有同等的重要，而是一部分不打算作政治活动却愿意对于国事有所尽力的知识分子所应为的。我这篇文章原是为这种人而作。

上二项的需要和农村改革运动在目前所受的限制，和所当取的步骤，乃是极明显的事实，原不待乎个人对于中西过去历史的解释而立的。但梁先生既要拿一种历史的解释来作他的主张的出发点，让我们在下篇里把这个历史的解释，仔细检验。

（上篇完，下篇待续。附注：下篇涉及许多历史问题，作者因近时课忙，及海外中籍未备，须俟月后续出。)

　　按梁先生所著《中国民族自救运动之最后觉悟》一书，已有郭斌和君评文，登载本报《文学副刊》第二百五十七期。今张君此文，亦系讨论梁先生之书而加以引申发挥者，读者可并观焉。

原载《大公报》一九三三年四月十五日，第十一版。

鲁迅：最富于人性的文人

> 惯于长夜过春时，挈妇将雏鬓有丝。
> 梦里依稀慈母泪，城头变幻大王旗。
> 忍看朋辈成新鬼，怒向刀丛觅小诗。
> 吟罢低眉无写处，月光如水照缁衣。
> ——《南腔北调集》页八三

提起笔来想介绍周豫才先生一部使我感动的近作，不禁勃然涌出一大堆恭维的话。为求名副其实，此文应当题为："《南腔北调集》颂"。

先颂周先生。

他可以算得当今国内最富于人性的文人了。自然，人有许多种。周先生不就铸造过"第三种人"的名词吗？但我所指的，是那种见着光明峻美敢于尽情赞叹，见着丑恶黑暗敢于尽情诅咒的人，是那种堂堂起起，贫贱不能转移，威武不能屈服的人。像这样的人，也许不少，但缺乏的是周先生笔下的技巧和力量。

我想，周先生本来可作"吾道中人"。古董，他是好玩的。他的《中国小说史略》已成了一部标准的著作。只要他肯略为宁雌守默,他尽可以加入那些坐包车、食大菜、每星期几次念念讲义、开开玩笑,便拿几百块钱一个月的群队中,而成为其中的凤毛麟角。然而他现今却是绅士们戟指而詈的匪徒,海上颠沛流离的文丐。他投稿要隐姓换名,他的书没有体面的书店肯替出版。人性的确是足以累人,大丈夫的确是不容易做的。"伤屯悼屈只此身,嗟时之人我所羞",读周先生的书每每使我不寐。

然而周先生可以自慰的,他已为一切感觉敏锐而未为豢养所糟蹋的青年们所向往。这种青年的向背也许不足以卜一个文人的前途,却断然足以卜一个文人所依附的正义的命运。自人类有主义以来,这条公律未曾碰过例外。

当周先生的杂感被绅士们鄙弃的时候,颇有人誉他为先驱者,我还有点怀疑。但自从他公开地转向以来,这种称誉,他确足以当之无愧。最难得的是当许多比他更先的先驱者早已被动地缄口无声,或自动地改变了口号的时候,他才唱着"南腔北调",来守着一株叶落枝摧的孤树,乍寒后的鸣蝉。但夏天迟早会再出现的。而一个光明的"苛士",当屯否晦塞的时候,正需一个"斫轮老手"来撑持。假如钳制和老年不足以销尽他创造的生机,那么,我敢预言,在未来十年的中国文坛上,他要占最重要的地位。

次颂周先生的书。

我是有历史感的,特别注意它的史料价值。但这个"史"可不是上古、中古或近古的"史",而是我们当前的时代的史。一个时代的性质,可用其中感觉敏锐的青年的遭遇来量度。这话若确,那么,我们在这小集子里可以发现极重要的史料,而后世的史家必将感谢我们的提醒的。举例如下：

> 我和柔石最初的相见，不知道是何时，在哪里。他仿佛说过，曾在北京听过我的讲义，那么，当在八九年之前了。我也忘记了在上海怎么来往起来，总之，他那时住在景云里，离我的寓所不过四五家门面，不知怎么一来，就来往起来了……他的家乡，是台州的宁海，这只要一看他那台州式的硬气就知道，而且颇有点迂，有时会令我忽而想到方孝孺，觉得好像也有些这模样的。
>
> 他躲在寓里弄文学，也创作，也翻译，我们往来了许多日，说得投合起来了，于是另外约定了几个同意的青年，设立"朝花社"。目的是在绍介东欧和北欧的文学，输入外国的版画，因为我们都以为应该来扶植一点刚健质朴的文艺。……
>
> 不过"朝花社"不久就倒闭了，我也不想说清其中的原因，总之是柔石的理想的头，先碰了一个大钉子，力气固然白花，此外还得去借一百块钱来付纸账。后来他对于我那"人心惟危"说的怀疑减少了，有时也叹息道："真会这样的么？……"但是，他仍然相信人们是好的。
>
> 他于是一面将自己所应得的"朝花社"的残书送到明日书店和光华书局去，希望还能够收回几文钱，一面就拼命的译书，准备还借款，这就是卖给商务印书馆的《丹麦短篇小说集》和戈理基的长篇小说《阿尔泰莫诺夫之事业》。……
>
> 他的迂渐渐的改变起来，终于也敢和女性的同乡或朋友一同去走路了，但那距离，却至少总有三四尺的。这方法很不好，有时我在路上遇见他，只要相距三四尺前后或左右有一个年青漂亮的女人，我便会疑心就是他的朋友。但他和我

们一同走路的时候，可就走得近了。简直是扶住我，因为怕我被汽车或电车撞死。……

无论从旧道德，从新道德，只要是损己利人的，他就挑选上，自己背起来。

他终于决定改变了，有一回，曾经明白的告诉我，此后应该转换作品的内容和形式。我说：这怕难罢，譬如使惯了刀的，这回要他耍棍，怎么能行呢？他简洁的答道：只要学起来！

他说的并不是空话，真也在从新学起来了。其时他曾经带了一个朋友来访我，那就是冯铿女士。谈了一些天，我对于她终是很隔膜，我疑心她有点罗曼谛克，急于事功；我又疑心柔石的近来要做大部的小说，是发源于她的主张的。……

（一九三一年一月十七日，柔石在一个会场上被捕了）他在囚系中，我见过两次他写给同乡的信。第一回是这样的："我与三十五位同犯（七个女的），于昨日到龙华，并于昨夜上了镣。此案累及大大，我一时恐难出狱，书店事望兄为我代办之。现亦好，且跟殷夫兄学德文，此事可告周先生，望周先生勿念，我等未受刑。捕房和公安局几次问周先生地址，但我哪里知道？诸君勿念。祝好！赵少雄一月二十四日"。

（上略）第二封信就很不同，措词非常惨苦，且说冯女士的面目都浮肿了，可惜我没有抄下这封信。其时传说更加纷繁，说他可以赎出的也有，说他已经解往南京的也有。……

（上略）但（后来）忽然得到可靠的消息，说柔石和其他二十三人已于二月七日夜或八日晨，在龙华警备司令部被枪毙了，他身上中了十弹。

我很抱歉,把周先生的大好文章剜割得体无完肤。但因为我怕"誊文公"的头衔,不得不如此。周先生所描写自投罗网的青年,尚不止一柔石,因为同样的理由,也只好割爱了。好在,以我所知,周先生的书尚未被列入新"Index"里。

依文气看来,这篇颂赞似乎还得续写。可惜我还没有到"四十不动心"的时期。写到这里,连想起一些与柔石辈遭遇相似的同学少年,禁不得在"人间何世"的疑问下搁笔了。

本篇原名《读<南腔北调集>》,刊载于《大公报》一九三四年九月十五日。

评胡适《白话文学史》上卷

去年北京文化学社曾刊行胡适君《白话文学史》讲义稿。该稿近经胡君根本改编，遂为此书，仅成上卷，凡四百七十八页，每册代价一元七角，上海新月书店印行。内容起汉，迄中唐，为十六章，都二十余万言。其中诗文选录约占内容三分之一以上。胡君自言"这书虽名为白话文学史，其实是中国文学史。"盖以白话文学为主体，而传统文学为背景云。此书之主要贡献，盖有三焉。

（一）方法上，于我国文学史之著作中，开一新谿径。旧有文学通史，大抵纵的方面按朝代而平铺，横的方面为人名辞典及作品辞典之糅合。若夫趋势之变迁，贯络之线索，时代之精神，作家之特性，所未遑多及，而胡君特于此诸方面加意。

（二）新方面之增拓。如《佛教的翻译文学》两章，其材料皆前此文学史上作家所未曾注意，而胡君始取之而加以整理组织，以便于一般读者之领会也。

（三）新考证，新见解。如《自序》十四及十五页所举王梵志与寒山之考证、白话文学之来源及天宝乱后文学之特别色彩等，有极坚确不易者。至其白话文之简洁流畅，犹余事也。

然吾人读胡君之书,认为有可商榷者数端。

[一] 本书名"白话文学史",吾人一顾其名,便不禁追问白话之定义,胡君曰：

> 我把"白话文学"的范围放得很大,故包括旧文学中那些明白清楚近于说话的作品。我从前曾说过,"白话"有三个意思：(一)是戏台上说白的白,就是说得出听得懂的话；(二)是清白的白,就是不加粉饰的话；(三)是明白的话,就是明白晓畅的话。依这三个标准,我认定《史记》《汉书》里有许多白话,古乐府歌辞大部分是白话的,佛书译本的文字也是当时的白话或近于白话,唐人的诗歌——尤其是乐府绝句——也有很多的白话作品。这样宽大的范围之下,还有不及格而被排斥的,那真是僵死的文学了(《自序》一三页)。

吾人观此定义,其最大缺点,即将语言学上之标准与一派文学评价之标准混乱为一。夫朴素之与华饰,浅显之与蕴深,其间是否可有轩轾之分,兹且不论,用文言之文法及 Vocabulary 为主而浅白朴素之文字,吾人可包括之于白话,然用语体亦可为蕴深或有粉饰之文笔。吾人将不认其为白话文乎？胡君之所谓白话,非与文言之对待,而为 Wordsworthian 之与 Non-Wordsworthian 之对待。审如是,则直名其书为中国之 Wordsworthian 文学史可耳。何必用白话之名以淆观听哉？吾人以为白话之定义当如下：

> 以语体之文法及"词箇"(Vocabulary)为主之文字(当然可采用文言之文法及词箇)为白话文。

反之，以古书中之文法及词笥为主之文字，为文言文。文言文亦可吸用语体之文法及词笥，故一时代有一时代之文言，非固定僵死。然与白话却不能混而为一。准此以观，则《史记》《汉书》古乐府歌辞之大部分，佛书译本及唐人诗歌皆非白话，而宋词亦非白话也。且如胡君之标准，何以翻译佛书可入白话文学，而《世说新语》却不及格，而当为"僵死文学"。又如：

　　归来宴平乐，美酒斗十千，脍鲤臇胎虾，炮鳖炙熊蹯。鸣俦啸匹侣，列坐竟长筵。连翩击鞠壤，巧捷惟万端。（曹植《名都篇》，见六五页所引）

可为白话文学，而同一作者之

　　其形也，翩若惊鸿，婉若游龙，荣曜秋菊，华茂春松，仿佛兮若轻云之蔽月，飘飘兮若流风之回雪，远而望之，皎若太阳升朝霞；迫而察之，灼若芙蓉之出绿波。（《洛神赋》）

其晓畅及可解之程度未逊于前，何以却不及格，而当为"僵死文学"？以上不过略举一二例，亦可以见胡君去取之多由主观也。

　　〔二〕由上节之说，则文言文（别于语体之文，或称古文）随时吸收新材料、新生力，而未尝僵死（注意文言文与语体文之优劣不在此处讨论范围），然胡君嘲其在汉武帝时已作古矣，则请闻其说。胡君曰：

> 汉武帝时，公孙弘做丞相，奏曰："臣谨案诏书律令下者，明天人分际，通古今之谊，文章尔雅，训辞深厚，恩施甚美。小吏浅闻，弗能究宣，无以明布谕下。"这可见当时不但小百姓看不懂那"文章尔雅"的诏书律令，就是那班小官也不懂得。这可见古文在那个时候已成了一种死文字了。（四页）

然胡君在隔三章后，却又曰：

> 试举汉代的应用散文做例。汉初的诏令都是很朴实的，例如那最有名的汉文帝遗诏……这是很近于白话的。直到昭宣之间，诏令还是这样的。如昭帝始元二年诏……又如元凤二年诏……这竟是说话了。（四六至四七页）

夫前言汉武帝时之诏令已文笔艰深，以证明古文之已死。后却言直至昭宣之间，诏令尚是近于白话的。夫上文所引昭宣诸诏，犹是古文也。胡君之说，岂□□□□矛盾哉。实则公孙弘之所谓尔雅艰深，似指内容而□□□式。故直至昭宣之时，虽有"文学掌故"而诏令仍明白如□□。察胡君致误之由，盖以凡小吏百姓"看不懂"者皆为"死文字"。凡古文（文言）皆是小吏百姓"看不懂"者。不知《盘庚》《周颂》固为古文，《论语》《左》《国》《史》《汉》亦为古文（别于当时语体）。古文为之而简洁，固可使明白□话，如上所举三诏是。此固一派文言文作者之所追求。而虚浮之辞藻、矫揉之雕琢，固亦彼等之所极力攻击也。

［三］论及我国故事诗之兴起，胡君谓"建安、泰始之间，有

蔡琰的长篇自纪诗（《悲愤》诗），有左延年与傅玄记秦女休故事的诗。此外定还有不少的故事诗流传于民间。……故事诗的趋势已传染到少数文人了。故事诗的时期已到了，故事诗的杰作要出来了。"而此杰作即为《孔雀东南飞》云。

按蔡琰《悲愤》诗实后人依托之作。苏轼《仇池笔记》及阎若璩《古文尚书疏证》中已先后疑之矣。考《后汉书·列女传》，献帝"兴平中，天下丧乱，文姬为虏所获。"兴平元年距董卓之诛已二年，是蔡琰之被虏乃在董卓诛后。然自愤诗乃云"汉季失权柄，董卓乱天常。……卓众来东下，金甲耀日光。平土人脆弱，来兵皆胡羌。猎野围城邑，所向悉破亡。……马边悬男头，马后载妇女。长驱入西关。……岂复惜性命，不堪其詈骂。……彼苍者何辜，乃遭此厄祸。"是谓琰乃当董卓强迫迁都时，为其手下胡兵所虏。顾与事实不符。

吾人固或当疑《后汉书》所记有误，然吾人知董卓一生极推崇蔡邕，辟之高位，岂有其爱女反为董卓手下兵所虏之理？即或误被虏，亦何难立赎之返，而任其羁留？可知琰之被虏必在父死之后，而蔡邕之见杀于王允乃在董卓伏诛之后，故知蔡必不致当迁都时为董卓兵所虏，而《悲愤诗》为伪作也。

大抵文姬以名父之女，陷没胡虏，曹操以盖世之雄，挥金营赎，其事颇轰动一时。流传既久，真迹略晦，好事文人，竞托其辞为诗歌，故有五言《悲愤》诗、七言《悲愤》诗及《胡笳十八拍》诸作。此外或尚有之，而前二种出现于刘宋之前，故范晔《后汉书》得采之入传。

魏晋之际，叙事诗最长者，如左延年及傅玄之《秦女休行》，不过三四十句、二三百字。更长者如《悲愤》诗，一百零八句，五百四十字，已非其时之产物。就长篇之叙事而论，《悲愤》诗差可与《孔雀东南飞》比。而《秦女休行》两篇则非其伦也。故《秦女休行》而后有《悲愤》诗（大约晋宋之交），《悲愤》诗之后有《孔雀东南飞》（大约宋齐之交）。诗体进化之渐则然也。胡君误认《悲愤》诗作于建安，遂断定建安、泰始间长篇叙事诗出现之时机已到，又信《孔雀东南飞》为此时之产物，以为恰与前说谐调，然《孔雀东南飞》之为晋宋以后、梁陈以前之作，今殆可断定。

胡君书中载《孔雀东南飞》时代之考证，曾提前在《现代评论》第六卷第一、第四、第九期发表，在今书出版之前，张为麒君曾为《孔雀东南飞献疑》一文（见去年十一月《国学月报》二卷十一期）反驳之。张君（1）以诗中"交广"之分，证明其不能作于吴孙休永安七年以前；（2）以"下官"之称，证明其作于刘宋以前；（3）以"青庐"之名，证明其作属北胡侵入以后。吾人认为皆极确当。唯张君举诗中"仪"作"支"韵，又云魏文帝诗已如此，此点与胡君主张《孔雀东南飞》作于三世纪中（去曹丕之死不远）之说并非不相立，故此证可不用。此外如"初七""下九"、"六合"、"四角龙子幡"、"纤步"、"丝履"之注意，及诗中"大家子"、"郎君"、"府君"之用法，虽不见于现存汉人记载，然不能断定三世纪中叶不能有之，因此处未具适用"默证"（Argument from silence）之条件。不能成用默证，史法所应尔，非"过于审慎"也。

又张君断定诗中"华山"二字绝非地名，而用宋少帝时《华山畿》之典故，唯未举出理由。吾人窃以为本诗中有同类之例，可为佐证。其叙焦母语仲卿云"东家有贤女，自名秦罗敷"，此处用汉乐附"日出东南隅"中之典故,而作为此叙实有之事,与"两家求合葬,合葬华山傍"之用《华山畿》典故,正为同类。然胡君尚设法躲避考证上之攻击,故曰:

> 但我深信这篇故事诗流传在民间,经过三百多年之久(二三〇—五五〇),方才收在《玉台新咏》里,方才有最后的写定。其间自然经过了无数民众的减增修削,添上了不少的"本地风光"……(一〇〇至一〇一页)。

往者黄节君答陆侃如,亦曾为与此略同之说(原函见《国学月报》),然但就此假说本身而论,实极含糊,而使其"《孔雀东南飞》的创作大概去那个故事本身的年代不远"一语之意义亦因之飘摇不定。胡君所谓"增减修削添",其程度上果何如耶?或原作不过二三十句,如《秦女休行》之类,至齐梁而增成现今之形式,此亦胡君之假说所容许也。审如是,则毋宁谓其作于齐梁间乎?且就诗体之进化而论,此假说实不如谓其作于齐梁间之说□也。

胡君又反问曰:

> 若这个故事产生于三世纪之初,而此诗作于五六世纪,那么,当那个没有刻板印书的时代,当那个长期纷乱割据的时代,这个故事怎样流传到二三百年后的诗人手里呢?(一〇二页)

此实极无理之反问,吾人请同样反问曰:"当那个没有刻板印书的时代,当那个长期纷乱割据的时代",曹子建之诗,又"怎样流传到二三百年后的诗人手里呢？"夫彼故事，若著于琐记，吾人不解其何以不能传至二三百年后。不然，播为民间传说（不取诗歌形式），吾人亦不解何以不能传至二三百年以后。胡君受主观影响之深，有如此也。

［四］胡君以诗人与人间生活相距之远近，而定"李杜优劣"，此标准未免偏于写实的与实用的，然见仁见智，随观点而殊，吾人不必多论。唯胡君论李白之人格，则未窥其真。胡君谓：

> 李白虽作乐府歌调，他似乎不曾用此作求功名的门路（二八三页）。
>
> 他似乎不屑单靠文词进身，故他的态度很放肆，很倨傲。天子还呼唤不动他，高力士自然只配替他脱靴了（二八四页）。
>
> 他始终保持他的高傲狂放的意气……他这种藐视天子而奴使高力士的气魄，在那一群抱着乐府新诗奔走公主中贵之门的诗人之中，真是黄庭坚所谓"太白豪放，人中凤凰麒麟"了（二八五页）。

是未免将李白理想化矣。其实李白未尝不

> 弹铗作歌奏苦声，曳裾王门不称情。

虽"不称情"，亦既为之矣。"王门"之与公主中贵之门果何异耶。其上贵官安州李长史书"敢以近所为《春游救苦寺》诗一首十韵、《石岩寺》诗一首八韵、《上杨都尉》诗一首三十韵……幸乞详览。"

（本集卷二十八）其上韩荆州自存，亦言"辱于制作，积成卷轴，则欲尘秽视听……若赐观刍荛……退归闲轩，缮写呈上。"其以诗词为"求功名之门路"明矣。然犹未著其上安州裴长史书之自卑也。白于裴氏"承颜接辞，八九度矣。常欲一雪心迹，崎岖未便。何图谤詈忽生，众口攒毁，将欲投抒下客。"因上此书，历言己学如何博、才如何高、品格如何优、声名如何大。末言"愿君侯惠以大遇，洞开心颜，终乎前恩，再辱英眄。……若赫然作威，加以大怒，不许门下，逐之长途，白即膝行于前，再拜而去。"吾人亦认为此种词语带有几分Conventionality，然岂亦豪放之"人中凤凰麒麟"所肯出耶？

然则遂以李白为无耻猥人耶？曰又不然。盖以诗文为进阶、趋权贵以求用，乃当时普遍之风习，李白亦无例外。亦犹其醉后"天子呼来不上船"命"高力士脱靴"，为盛唐"解放之时代"（参看胡书二六四至二六五页）所不为骇怪。等是不能用以判断其人格之全体。李白之所以比较高上者，在其"曳裾王门"而"不称情"耳。此种内心之冲突，乃天才者（包括道德的天才）之所以异乎流俗人，而亦其痛苦之源也（注：吾非谓有此种冲突则其行为之高下可不论）。

且李白内心之冲突，实不止高傲之与卑抑。出世之与入世亦其一端也。胡君谓：

> 李白究竟是一个山林隐士。他是个出世之士，贺知章所谓"天上谪仙人"。（二九二页）

并引"我本楚狂人"一诗为证,并谓"这才是真正的李白"。诚然,彼有时实持此种态度,然有时却与此相反。当彼谓

> 苟无济代(世)心,独善亦何益?

或谓

> 余亦草间人,颇怀拯物情

时,其中心之诚恳,正如其谓"我本楚狂人……"时。胡君以其为应酬赠答诗中之套语,盖未为知李白也。试观李白假其友人之口自述曰:

> 近者逸人李白自峨眉而来,尔其天为容,道为貌,不屈己,不干人,巢、由以来,一人而已。乃虬蟠龟息,遁乎此山。仆尝弄之以绿绮,卧之以碧云,漱之以琼液,饵之以金砂。既而童颜益春,真气愈茂。将欲倚剑天外,持弓扶桑。浮四海,横八荒。出宇宙之寥廓,登云天之渺茫。俄而李公仰天长吁,谓其友人曰:吾未可去也。吾与尔,达则兼济天下,穷则独善一身。安能餐君紫霞,荫君青松,乘君鸾鹤,驾君虬龙,一朝飞腾,为方丈、蓬莱之人耳,此方未可也。乃相与卷其丹书,匦其瑶瑟,申管、晏之谈,谋帝王之术。奋其智能,愿为辅弼,使寰区大定,海县清一。(《代寿山答孟少府移文书》,本集卷二十六)

其与杜甫"致君尧舜上，再使风俗淳"之志，何尝多让？不然，彼何为汲汲然献诗大吏、曳裾王门，何为而附助永王璘，毋亦不奈一点入世之情耳。盖李白一生实为无穷之冲突，欲遁世而心不甘，欲入世而时不遇，彷徨飘摇，莫适所可。杜甫赠李白诗所谓：

  痛饮狂歌空度日，飞扬跋扈为谁雄。

此十四字，写尽李白之心境矣。冲静闲逸之隐士生活，李白盖无福消受也。质之胡君，以为何如？

  原载《大公报·文学副刊》第四十八期，一九二八年十二月三日。

评杨鸿烈《大思想家袁枚评传》

一

往者新文化运动之口号之一,曰"一切重新估价"。此口号应用于历史上,则生两种效果:一则,务唾辱旧日所尊崇之人物,美称之则曰"打倒偶像";一则,务推举旧日所鄙夷之人物,美称之则曰"打抱不平"。此一抑一扬之间,饶有立异标新、震骇世俗之资料,而其事有极易也。何易乎?取一家之书,东抄一段,西撮一句,加上易卜生、行为派、科学精神、实验方法等字眼,加上光芒万丈(不足则益以十万丈)、前无古人等考语,而"造时代"(epoch-making)之书成矣,岂不易乎?此"大某某家某某"之所以日多也,其中之一为袁枚。

素痴曰:予读杨鸿烈君《大思想家袁枚评传》(商务印书馆出版,列入国学小丛书,定价八角)之结论一章,而不知何以自处也。杨君之言曰:"说到(袁枚)先生的学识方面,除非是有神怪魄力的天字第一号的大学者,才敢说先生有些微小慧、无甚学识的话,其余最大多数,如著者一样的人,早已经五体投地、钦佩无极的了。"

呜呼,予将"五体投地、钦佩(袁枚)无极"欤?抑将自命为"有神怪魄力的天字第一号的大学者"欤?二者俱不能,则将何以自处欤?虽然,此种私人之困难,非杨君所暇顾及矣。

杨君精神之所注,已于其"开场白"中(原书第一页)说明矣。曰:"记得胡适之先生第一次给我的信中说,'我是爱打抱不平的,生平最喜欢表彰那些埋没了的学者和文人'。"杨君此书,首"导言",次"年谱",又次"袁枚思想之根本",以下则述其"人生哲学"、文学、史学、"政治经济学和法律学"、"教育学"、"民俗学"、"食物学",——非袁氏不能为尔许"学",亦非杨君不能述尔许"学"也。

二

不知学术史大势,无充分之学术史常识者,不足与言一家之学,以不明一家在历史上之地位,则无从评判其价值,必致"见橐驼言马肿背"而动辄"五体投地"为过劳也。

杨君推崇袁氏对于宋儒"去人欲、存天理"说之攻击,以为戴震以前唯一人,一若其发前人所未发者,不知宋儒窒欲之说在清初已成强弩之末,陈乾初、费燕峰辈已明揭反叛之旗,而代以适情调节之说(参看黄梨洲《南雷文定·陈乾初墓志铭》及费燕峰《弘道书·统典论》),袁氏纵未必直挹其余流,亦不过时代精神之后来的展现,何足大惊小怪?

且袁氏绝非深澈自忠之思想家也。盖其人薄有聪明,少年得意,席丰履厚,放纵自恣,与俗同污,淫荡无耻,则借情欲神圣之说以自解自文,然犹未足也,则昌言曰:"妇人从一而男子有媵侍,何也？曰：此先王所以扶阳而抑阴也。狗彘不可食人食，而人可食狗彘，何也？曰：此先王所以贵清而贱浊。二者皆先王之深意也。"求其说之根据于良心、于理智，而不可得，则归之于"先王之深意"。呜呼，先王，先王，天下古今几多罪恶，假汝之名以行。

然今之所谓"大思想家"，所谓"解放思想界的束缚，尊重思想的自由"者（原书一四九页），固如是也。然此犹未足也。"先王之深意"不过"抑阴扶阳"而已，何以解于"两雄相悦，数典殊希"、"若从内助论勋伐，合使夫人让诰封"之说欤？毋宁曰："先王之深意，扶我袁枚，而抑其余人类也。"

尤有妙绝言说者，杨君于原书第一四九页称颂袁枚"解放思想界的束缚，尊重思想的自由"，第一五一页却引袁枚诘难友人之言曰："先生来书尊皇上为尧舜，尧舜之言，先生又不以为然，何也？"吾亦为复一声曰："何也？"

三

杨君曰："袁先生所有对于文学的各种见解，在中国可谓独具只眼，光芒万丈的了。"读者请拭目一观"万丈之光芒"：

> 且从古文章，皆自言所得未有为优孟衣冠、代人作语者，唯时文与戏曲则皆以描写口吻为工。……犹之优人，忽而胡妲，忽而忠臣孝子，忽而淫妇奸臣，皆其体之所以卑也。……此处不暇论纲常名教而先论文章体裁。

杨君之引此文（原书第六五页），旁加密圈，具见其"五体投地"。依袁氏"光芒万丈"之见，一切文学体裁皆当为主观的抒情的；一切客观的文学，如戏曲（推而至于小说之不带自传性质者及史诗）之类，皆当拉杂摧烧，而莎士比亚及莫里哀及歌德等辈，首当请出文学领域外矣。懿哉！

曰：然则袁氏反对八股文非欤？曰：袁氏之反对八股文是，其所以反对之者则非。夫八股文之所以卑者，非由其代人立言，乃因其题材之限制、格式之限制及目的之贱耳。试读《桃花扇》中柳敬亭为左良玉讲"大师挚适齐"一章，何尝非代人立言，何尝不与八股同类？然却慷慨动人，为书中精彩之一段。语其实，一切纯粹文学，大半为代人立言（即自传体亦非例外）而有赖于"描写口吻为工"。充袁枚之说，则文学只能限于写景与自白。古今论文之荒谬，未有甚于袁枚者也。

杨君述袁枚论诗，极力推崇其以"爱情为诗的生命"（第一七八页），实则袁枚只知有淫欲，乌知所谓爱情？其所口笔不离者，赠妓弄妾之秽作，"桑间濮上之变风"而已（变谓变女为男也）。夫中外情诗之伟大者，在其能净化，能理想化耳。至若袁枚所作，不过下等之眩惑，而章实斋所谓"导欲宣淫之具"而已，何足以言文学？

袁氏虽卑鄙，然犹不敢尽背健康之正论，故其说诗教曰："即如温柔敦厚四字，亦不过诗教之一端，不必篇篇如是。"虽曰"不过"，犹不能不承认其为"一端"也。而杨君之述此论，则谓袁枚"论诗的功用，只在心理的愉快。"（第一七七页）不亦厚诬袁枚欤？

四

杨君谓袁枚"最反对那个在中国史学界如天之经、地之义的垂训主义"。按袁枚并非反对历史可垂训诫者,故曰"史者衡也鉴也,狭曲蒙匦也,国家、人物、政事则受衡受鉴、而盛载于蒙匦者也。"袁氏所反对者,叙述外之"褒贬抑扬"耳,此则四百年前郑渔仲已摈斥之,而早已不成"天之经、地之义",袁枚不过仍袭成说,而杨君盛称之。此又"见橐驼言马肿背"之一端也。

其附会可笑者,举两例如下。

(一)杨君于袁氏论"今之经,昔之史也"一段下,附言曰(第二〇二页):

> 这"六经皆史"一句话,胡适之先生诠释得最好。"我们必须先晓得'盈天地间一切著作皆史也',这一句总纲,然后可以晓得'六经皆史也'这一条子目。"这里也可借来说,既然一切著作都是史料,而古经都是先王所传的言,故皆有史料的价值。

不知"盈天地著作皆史",章实斋曾有是言,故胡适之诠释是也,袁枚则但言六经皆史,而未言一切著作皆史,安得以部分该全体,而断定袁枚之前提亦与章氏相同?

(二)袁氏云:"孩提之童无不知爱其亲者,非爱其亲也,爱其乳也。……今将致其索乳之良知而扩充之,则徒近乎告子'食色为性'之说,而与圣道愈远。"杨君释之曰:"以告子'食色为性'

之说当作与圣道愈远,这样说教育能力之大,其植机颇得近日最时髦的行为派心理学的根据。"(第二六八页)按袁枚否认爱亲为良知,而未尝否能爱乳为本能也。其反对告子之说者,盖误认《告子》之所谓"性有善"的评价之意义,非以求乳为后天教育的成绩也。此又可见作者比附阿谀之殷,急不暇择也。

原载《大公报·文学副刊》第四十三期,一九二八年十月二十九日。

王国维先生之特出

先生治学方法，视并世诸家，有一特具之优长，即历史眼光之锐敏是也。

其治一学，必先核算过去之成就，以明现在所处之地位，而定将来之途径。其作词也，则先有其词学史观。其欲创作戏曲也，则先成《宋元戏曲史》。后此治古器物文字，治辽金元史，莫不如是。此时治数学才数月，而其著作中于西方古代畴人，如数家珍。今世大学中之数学教授视之如何耶？姑舍是，本文所论乃在哲学。

先生对于我国哲学，亦自有极明显之历史观。其大略见于《评辜汤生英译〈中庸〉》及《论近年之学术界》。……此外先生关于我国哲学史，尚有两篇重要文字。其一为《论性》，历述我国数千年来各家关于人性之学说与争辩，批评其得失，而试下一最后之断案。其二为《国朝汉学派戴阮二家哲学说》，谓："戴东原之《原善》与《孟子字义疏证》，阮文达之《性命古训》等，皆由三代秦汉之说以建设其心理学及伦理学。其说之幽玄高妙，自不及宋人远甚，然一方复活先秦之学说，一方又加以新解释。此我国最近哲学史上唯一有兴味之事，亦唯一时纪之事也。"近人之注意戴、阮二氏学说而认识其真价值者，实自先生始。后此蔡元培君于其《（中国）

理学史》中因盛称戴氏之学，而胡适君更将戴氏偶像移至近代思想神坛之最前面，顶礼膜拜无虚日，梁启超君且抠衣而往从焉。于是戴东原遂成为我国学界中最时髦之名词，"戴学"遂成为最时髦之学问。时戴氏之地位愈抬愈高，而其人物愈放愈大，而其真面目亦愈晦。德人尉礼贤（Richard Wilhelm）且以为中国之康德焉（戴氏恰与康德同时），吁过矣。……

光绪三十一年，先生（时年二十九岁）始汇集上引诸文，并其他关于思想之作及古今体诗五十首刊行，名《静庵文集》。此书之出，影响极微。当时硕彦绝无称道，至今世人犹罕知有其书。其知而爱重之，亦大抵在先生经史考据学既驰声之后。此盖不由于显晦之无常，亦不由于提挈之乏力，实当时思想界之情势所必生之结果也。明乎此，然后先生在当时思想界之地位，及此书在历史上之价值乃可见。……

嗟乎！为此举世沉溺于实用观念与功利主义之中，独有人焉，匡矫时俗，脱屣名位，求自我之展伸，为学问而学问，周旋揖让于欧洲深邃伟大之思想家之群。而聆其谈吐而与之诘难，穷形上之奥，究人生之谜，而复挹精撷华，以饷当世，斯岂非先知先觉之豪杰士，而我国思想史上所当特笔大书者欤。

……

节选自《王静安先生与晚清思想界》，载《学衡》第六十四期，一九二八年七月。

曾国藩之真相

甲戌（一九三四）冬，予游杭州，于故书肆购得《水窗春呓》二卷，不著撰人。中颇记咸同间人物与事故。作者与曾文正甚接近，而观察亦别具眼光，不随流俗。所记曾事，虽寥寥数则，实为曾传之最佳而最重要资料。自曾氏之殁，为之谱传者不一，而皆出其门生故吏手，推崇拜之心，尽褒扬之力，曾氏面目遂在儒家圣贤理想之笼罩下而日晦。

昔陈怀冲（已故）撰《中国近百年史》（中华书局版），谓曾始办团练，杀戮甚夥，时人有"曾剃头"之号，予尝读而疑之。心念《论语》中"子为政，焉用杀"之语，意为文正岂有读《论语》不熟者？今览此书乃无惑也。

中记副将李金旸者，年未三十，勇悍绝伦，尝战败陷贼中，旋逃归。所属营长某控其通贼。二人并解至东流大营。文正力辨李冤，谓营官诬告统领上司，判即正法。是日李来谒，盛称中堂明见万里，感激至于泣下。文正旋忽传令：李金旸虽非通贼，既

打败付 亦有应得之非,着以军法从事,即派亲兵营哨官绑至东门处斩。闻者无不骇愕。文正手段之辣,有如此者。

作者有一巧妙之观察曰:

文正一生每三变:书字(1)初学柳诚悬,(2)中年学黄山谷,(3)晚年学李北海而参以刘石庵,故挺健之中,愈饶妩媚。其学问,(1)初为翰林词赋,(2)既与唐镜海太常游,究心先儒语录,(3)后又为六书之学,博览乾嘉训诂诸书,而不以宋人注经为然。又(1)在京官时以程朱为依归,(2)至出办团练军务,又变而为申韩,尝自称欲著《挺经》,言其刚也,(3)咸丰七年在江西军中丁外艰,闻讣奏报后即奔丧回籍,朝议颇不为然。左恪靖(宗棠)在骆文忠(秉璋)幕中,肆口诋毁,一时哗然和之。……(文正)出山后以柔道行之,以至成此巨功,毫无沾沾自喜之色。尝戏谓予曰,他日有为吾作墓志者,铭文吾已撰:"不信书,信运气。公之言,告万世。"……文正尝言吾学以禹墨为体,庄老为用。可知其所趋向矣。

文正之以老庄为用,书中有一佳证:

辛酉,祁门军中,贼氛日逼,势甚急。时李肃毅(鸿章)已回江西寓所,幕府仅一程尚斋,奄奄无生气,时对予曰:"死在一堆何如?"众委员亦将行李置舟中,为逃避计。文正一日忽传令曰:"贼势如此,有欲暂归者,支给三月薪水,事平仍来营,吾不介意。"众闻之,感且愧,人心遂固。

此非老氏所谓"将欲取之，必先与之"之一绝例乎？

文正之以禹墨为体，吾于书中亦得一旁证：

> 文正夫人……在安庆署中，每夜姑妇两人纺绵纱，以四两为率，二鼓后即歇。一夜不觉（已）至三更，颉刚（曾纪泽）世子已就寝矣。夫人曰：今为尔说一笑话，以醒睡魔可乎？有率其子妇纺至夜深者，子怒詈，谓纺车声聒耳，不得眠，欲击碎之。父在房中应声曰：吾儿，可将尔母纺车一并击碎为妙。翌日早餐，文正为笑述之，坐中无不喷饭。

富贵易改常度，观妇可以知夫，吾故以此为旁证。呜呼，今之从政者何如？

上引文正"一生一变"条中，谓文正自称欲著《挺经》。"挺经"者何？此非曾读《庚子西狩丛谈》者不知，《丛谈》乃曾纪泽婿吴永所述，而刘焜为之笔记者也。吴永曾居李鸿章幕府，鸿章为之述文正旧事有云：

> 我老师（文正）的秘传心法，有十九条"挺经"。这真是精通造化、守身用世的宝诀。我试讲一条与你听。一家子，有老翁请了贵客，要留他在家午餐。早间就吩咐儿子前往市上备办肴蔬果品。日已过巳，尚未还家。老翁心慌意急，亲至对口看望。见离家不远，子挑着菜担，在水塍上与一个京货担子对着，彼此不肯让，就钉住不得过。老翁赶上前婉语曰：老哥，我家中有客，待此具餐，请你往水田里稍避一步，待他过来，你老哥也可过去，岂不两便吗？其人曰：你教我下水，

怎么他卜不得呢？老翁曰：他身子矮小，水田里恐怕担子浸着湿，坏了食物，你老哥身子高长些，可以不致沾水。因为这个理由，所以请你避让的。其人曰：你这担内，不过是蔬菜果品，就是浸湿，也还可以将就用的，我担中都是京广贵货，万一着水，便一文不值。这担子身份不同，安能教我让避！老翁见抵说不过，乃挺身就近曰：来，来，然则如此办理，待我老头儿下了水田，你老哥将货担交付给我，我顶在头上，请你空身从我儿旁边岔过，再将担子奉还，何如？当即俯身解袜脱履，其人见老翁如此，作意不过，曰：既老丈为此费事，我就下了水田让尔担过去。下田避让，他只挺了一挺，一场竞争，就此消解，这便是"挺经"中开宗明义的第一条。

吴氏续述鸿章语"至此而止，竟不复语，予俟之良久，不得已始请不第二条。公含笑挥手曰：这此一条，够了，够了，我不说了。"惜哉，此十九条秘传心法，文正一生之处世哲学，竟只传一条，然亦足耐吾人玩味矣。

从上所记上略可窥见文正之为人，于肃穆之中，实兼富于今人之所谓幽默。《丛谈》又述李鸿章言："在营中时，我老师总要等我辈人家一同吃饭，饭罢后，即围坐谈论，他老人家又最爱讲笑话，讲得大家肚子都笑疼了，个个东歪西倒的。他自家偏一些不笑，以五个指头作把，只管捋须，穆然端坐，若无其事。"此义文正性格一个重要方面，在正式传记中寻不出者也。

文正自言以老庄为用，盖有所指而发。实则其所为用，乃老庄而兼中韩，又济于知人之明，识虑之远，处世之敏者也。予尝谓李鸿章得文正之"用"，而无其体，故于晚清之世运，只能为补苴罅漏之工作，而不能有所转移，顾何以文正于李备致推重，以为代己之唯一人？今读《水窗春呓》所记，乃悉文正于李之所短，未尝不灼知。顾知之而不能不付以天下之重，则甚矣才难不其然也！

记云：文正"在东流，欲保一苏抚，而难其人。予（作者）谓李广（指鸿章）才气无双，堪称此任。文正叹曰，此君难与共患难耳！……卒之幕府中无出肃毅右者，用其朝气遂克苏城。迨至捻匪肃清，淮勇之名遂与湘勇相埒，而文正处功名之际，志存退让，自以年力就衰，诸事推与肃毅。其用意殆欲作退步计耳。乃自收复金陵以后，竟不休官林下，亦不陈请补制。以文正之尘视轩冕，讵犹有所恋恋者，岂其身受殊恩，有不敢言退……者乎？"此言可谓察隐。

《水窗春呓》既供给吾人以如是重要之史料，则其作者为谁，宜为吾人所亟欲知。惜原书不著撰人。予尝嘱同学友人李鼎芳先生考之。据其结论，作者乃湘潭欧阳兆熊，道光丁酉举人，为文正老友，尝出入其军幕中。则书中所记文正事正是第一手史料，宜为吾人所宝重也。

本文原名《跋＜水窗春呓＞：记曾国藩之真相》，刊载于《国闻周报》第十二卷十期，一九三五年三月。

洪亮吉及其人口论

一 引言

　　清乾嘉间之汉学大师,其能于汉学以外,有卓然不朽之贡献者,唯得二人:在哲学上则戴东原震,在社会科学上则洪稚存亮吉,而其学说在当时及后世皆未尝有丝毫之影响,徒为今日历史上之资料而已。

　　戴氏之学,近十余年来,经蔡元培、梁启超,胡适诸氏之阐扬,已大显于世,唯洪氏之学,至今犹湮没不彰。梁氏之《清代学术概论》及《近三百年中国学术史》中均无只字及之。吾读洪氏遗书,不禁掩卷而太息,太息夫古人之立言,亦有幸有不幸如此也。因不揣谫陋,草为此文。非敢云发前人未发之秘,亦无资格以表彰先贤,聊吐吾心中所不吐不快者而已。

　　迩来"整理"旧说之作,副刊杂志中几于触目皆是。然其"整理"也,大悉割裂古人之文,刺取片词单句,颠倒综错之,如作诗之集句；然后加以标题，附会以西方新名词或术语，诩诩然号于众曰："吾以科学方法董理故籍者也。"而不知每流于无中生有，厚诬古人。此种气习，实今后学术界所宜痛戒。予介绍洪亮吉之学说，不敢自陷此弊；故唯摘录原文，未加按语，以待读者之玩索思考，而判吾言之当否。且原文本末毕具，条理清晰，断不容妄加斧斤也。

二 洪亮吉之人口论

稚存一生所著书，高可等身。然其关于思想方面者，除散见文集中者外，唯《意言》一卷二十篇，其人口论，即具于此书之《治平》、《生计》两篇中。其言曰：

> 人未有不乐为治平之民者也；人未有不乐为治平既久之民者也。治平至百余年，可谓久矣。然言其户口，则视三十年以前增五倍焉；视六十年以前增十倍焉；视百年百数十年以前，不啻增二十倍焉。试以一家计之，高曾之时有屋十间，有田一顷，身一人，娶妇后不过二人；以二人居屋十间，田一顷，宽然有余矣。以一人生三计之，至子之世而父子四人；各娶妇即有八人；即不能无佣作之助，是不下十人矣。以十人而居屋十间，食田一顷，吾知其居仅仅足，食亦仅仅足也，子又生孙，孙又娶妇，其间衰老者或有代谢，然已不下二十余人；而居屋十间，食田一顷，即量腹而食，度足而居，吾知其必不敷矣。又自此而曾焉，而元焉，视高曾祖时，口已不下五六十倍。是高曾时为一户者，至曾元时不分至十户不

止,其间有户口消落之家,即有丁男繁衍之族,势亦足以相敌。或者曰:高曾之时,隙地未尽辟,闲廛未尽居也。然亦不过增一倍而止矣,或增三倍五倍而止矣,而户口则增至十倍二十倍。是田与屋之数常处其不足,而户与口之数常处其有余也。又况兼并之家,一人据百人之屋,一户占百户之田,何怪乎遭风雨霜露颠踣而死者之比比乎?曰:天地有法乎?曰:水旱疾疫,即天地调剂之法也;然民之遭水旱而不幸者,不过十之一二耳。曰:君相有法乎?曰:使野无闲田,民无剩力;疆土之新辟者,移种民以居之;赋税之繁重者,酌今昔而减之;禁其浮靡,折其兼并,遇有水旱疾疫,则开仓廪以赈之;如是而已矣。是亦君相调利之法也。要之,治平之久,天地不能不生人;而天地之所以养人者原不过此数也。治平之久,君相不能使人不生;而君相之所以为民计者,亦不过前此数法也。且一家之中有子弟十人,其不率教者常有一二。又况天下之广,其游惰不事者何能一一遵上之约束乎?一人之居,以供十人已不足,何况供百人乎?一人之食,以供十人已不足,何况供百人乎?此吾所以为治平之民虑也。治平……为农者十倍于前而田不加增;为商贾者十倍于前而货不加增;为士者十倍于前,而佣书授徒之馆不加增。……何况户口既十倍于前,则游手好闲者更十倍于前!……是又甚可虑者也。(《生计》)

读者当注意,凡上所论,皆就治平时代而言,明乎战争与变乱之为例外也……试将上文分析之,则可见其含有下列各原理:

一、生产之增加不能与人口之增加成正比例,人口于百数十年间可增至十倍至二十倍，物产则只能（因土地开辟之结果）增加一倍至五倍（注意：洪氏此处，并不谓土地之生产力有增加之可能。因其时中国科学未盛，不知农学可以改良土地，增加耕种效率也）。

二、天灾（水旱疾疫）尽不能消灭过剩之人口。

三、全人口中未必尽皆从事生产。

四、财力之分配未必平均。

坐是之故，洪氏遂"为治平之民忧"。所忧者何？生存之困难而已。然则洪氏亦尝思所以补救之术乎？曰：上文已略发其凡矣，不外：

一、发展生产事业。即所谓"使野无闲田，民无剩力；疆土之新辟者，移种民以居之"是也。而减少"游惰不事"之民，亦其一策，文虽未明说，亦可于言外推之。

二、使富力之分配平均，即所谓"抑其兼并"是也。

三、由政府出力救济，即上所谓"遇有水旱疾疫，则开仓廪以赈之"是也。

而其最重要之方策则为：

四、节省消费，即上所谓"禁其浮靡"是也。关于此点，洪氏别于其所著《寺庙论》中，详言之曰：

> 户口至今日可谓极盛矣。天不能为户口之盛而更生财；地不能为户口之盛而更出粟；一州一邑之知治理者，唯去其

廉贾而已矣。廉贾之道有二，一则前议中所云仰食服用是也，一则寺庙是也。(《卷施阁文》甲集补遗)

上文所谓"赋税之繁重者酌今昔而减之"，亦节省消费之一端也。

然斯四者，不过无法中之法而已，终不能彻底解决人口问题。此稚存所以始终抱悲观态度。使稚存而生于今日，得聆珊格尔夫人生育节制之演说，吾知其必当鼓掌不已也。

洪氏之人口论已尽于是矣。吾料读者至此，必当联想英人马尔萨斯（Thomas Robert Malthus）。

马、洪二氏，其学说不谋而同，其时代复略相当（洪生于乾隆十一年，即一七四六，卒于嘉庆十四年，即一八〇九。马生于一七六六，卒于一八三四）。其学说完成之期，相差亦不过数载（洪氏《意言》成于一七九三年，马氏"Essay On the Principle of Population as to Affects the Future Improvement of Society"出版于一七九八年）。斯于学术史上极奇异、极凑巧之现象也已。以言精密详尽，洪说自逊马说；稍读社会科学书者类能言之，无待吾赘加申释。所当附述者，西方人口论，在马氏以前，已有希腊之柏拉图、亚里士多德，及十八世纪之意人波德罗（Geovanni Botero）、奥尔德斯（Giammaria Orts），英人拉黎（Walter Raleigh）、斯多亚特（J. Steward）、杨恩（Arthur Young）、汤生（J. Townsend），美人富兰克林（B. Franklin），德人梅失尔（Justus Moeser）诸学者相继讨论，马氏不过承众说，而组织成系统耳。至于洪氏，则蹊径独开，一空依傍者也。其难易相去远矣。独是西方自马氏人口论出，经济学及社会学上辟一新天地，其直接间接影响于政治及社会上一般人之思想，至巨且重。反观洪氏之论，则长埋于故纸堆中，百年来，举世莫知莫闻。不龟手之药一也，或以伯，或不免于洴澼洸，岂不然哉。

三 洪亮吉传略

吾侪既得闻洪氏之人口论矣。孟子曰："颂其诗，读其书，不知其人，可乎？"请略述洪氏之生平。

稚存，江苏阳湖北江人。六岁而孤，随母侨居外家。贫而力学。稍长，为童子师。年二十四，补县学生。三十五，始举顺天乡试。遂游陕西，依毕沅。阅十年，成一甲第二名进士。官京师三年，视学贵州返，以仲弟丧告归。会高宗逝世，例当奔丧来京，事毕将返，遗成亲王书万余言，痛陈当时朝政及吏治之弊，语甚率直。王惧祸，上之仁宗，遂下狱，律当斩。免死，戍伊犁。逾年，京师大旱，祈祷术穷，命赦亮吉以为禳，遂得归，年五十五矣。韬居里门，读书以终（卒年六十四）。

稚存学甚博，精音韵训诂，喜为诗词骈俪文，尤笃志于史。一生精力所萃，则在地理沿革。生平治学精神，尽见于《致钱季木论友书》中，其略曰：

> 学问之友，必先器识，拘于一隅，难与高沧。谈性命则

为周孔,言训诂则称邺儒。恃性所持,纠其违,即同非圣;方册既载,举其失,便为违经。……此一蔽也。言无智愚,时有今昔;恽敦穷奇,以古而足贵;垂棘和氏,以近而不珍。……此一蔽也。据近定远,屈前就后;荀卿儒学,见绌于宋贤,蒙县著书,致讥于里塾。此一蔽也。……若夫事必究其表原,论必求其是;解带一室,邹鲁不欺其半言;驰轮九垓,嵩华不能摇其一瞬;研几极神,深识殆圣;吾鄙亦有人焉。

其对于史学之见解云:

近时之为史学者有二端焉。一则塾师之论,拘于善善恶恶之经,虽古今未通,而褒贬自与。……一则词人之读史,求于一字一句之间;随众口而誉龙门,读一通而嗤虎观,于是为文士作传,必仿屈原;为队长立碑,亦摩项籍。……夫为通州诂则可救塾师之失。……亦唯隶事故则可以救词人之失。(《集杭董甫〈三国志补注〉序》)

精思高识,诚非一孔瞽儒所能梦见者矣。

稚存虽汉学家,独有出乎其类者存焉。当时考据之儒,大悉生死书丛,不闻世事,此虽半由于惧触时忌,亦实风气有以溺之。唯稚存则留心时政,恒思建策敷言。观其犯大祸而上书成亲王,汉学家中,除杭世骏而外,无其偶矣。当时考据之儒,大悉寻行数墨,嚼字咬文,不事遐思,惮言义理。唯稚存不然。其《意言》中反对命定论,辟鬼神、仙人、雷神之妄等篇,识见远追王仲任充。其真伪篇追溯礼之起源,明礼与真情之冲突,亦发前人所未发。而百余年来称洪亮吉者,唯知其考据之学而已。

附言:

洪亮吉之著作,已刊者有《洪北江遗书》二百二十二卷(光绪丁丑授经堂重刊)。关于洪亮吉之传记,以其门人吕培等所编《北江先生年谱》为最翔实(附刊《遗书》中。)

刊载于《东方杂志》第二十三卷第二号(一九二六年一月)。《竺可桢日记》一九四九年三月二十五日、五月十八日、一九五〇年三月二十一日提到该文。

冯友兰君之孔子论

冯友兰君《孔子在中国历史中之地位》一篇,先引据旧籍,证明孔子并未著作,亦未删正六经(或六艺)。但谓孔子之价值自在,非即碌碌无所建树者。盖六艺乃当时名贵之典籍学问,受此教育者仅限于贵族。至孔子出,乃推而广之,凡自备束脩而来学者,无不以此教授。其时讲学者皆各以其一家之新学说传授门徒,而孔子则以自古传来之公共学问(六艺)教人,且以各种学问同时教人,目的在养成可为国家社会服务之完人,所以为大教育家。由是孔子在中国历史之地位可简言如下:

一、孔子是中国第一个使学术民众化的,以教育为职业的教授老儒。他开战国讲学游说之风,他创立(至少亦发扬光大)中国之非农、非工、非商、非官僚之士之阶级。

二、孔子的行为,与希腊之"智者"相仿佛。

三、孔子的行为及其在中国历史上的影响,与苏格拉底的行

为及其在西洋历史上的影响相仿佛。(以上三条录原文)

按，义理与考据之学截然两事，吾人不当以历史事实偶有摇动，发现穿错误漏，而遂谓昔之人物与理想均无价值。亦不当以欲尊重或诋毁昔之人物与理想之故而变乱事实，虚造证据。孔子在昔之中国为种种道德理想之所寄托，昔人之尊敬孔子固亦有过当而盲从者；而今人则专以攻诋孔子为能，先有成见在胸。本此一定之目的，搜寻各种证据，推勘文字，比列事实，以明古来传说之不足信，而孔子可以推倒。此则吾人未敢赞同者也。若冯君此篇，考证明确，持论平允，以二事分别进行而不相混，殊为可称者矣。

冯君以孔子拟苏格拉底，甚为适当。其他如说明《易经》中之"天"与《论语》中孔子所言之"天"之观念之不同，亦甚精当。原文俱在。读者取观可也。

本文原名《评冯友兰君〈孔子在中国历史中之地位〉》，刊载于《大公报》一九二八年三月五日。

评孙曜《春秋时代之世族》

《春秋时代之世族》，一册，孙曜著，民国二十年四月。中华书局发行，定价七角。

此为关于先秦史颇多参考价值之书。所谓"世族"者，即世袭土地及政治特权之贵族。作者实以此阶级为主体而考察春秋时代之社会状况，虽未能详彻，却有不少新见。而全书无一附会曲解处，其实事求是之精神深值吾人之表彰也。

书中新见，前此史家罕注意及者，可撮举如下：

一、世族地位之反映于道德意识者：家臣对于家主之无条件的服从与拥护，成为举世公认之道德标准。故鲁叔孙氏之司马鬷戾曰："我家臣也，不敢知国"。又季孙之家臣南蒯谋逐季氏，失败奔齐，景公以叛夫呼之。南蒯对曰："臣欲张公室也。"齐大夫韩皙曰："家臣而欲张公室，罪莫大焉。"此事所表现者实大，即国君自身亦不承认其对臣下有普遍之威权也（页三二）。

二、《左》《国》中所记贵族教育，只有私人傅师之制。所教亦偏重德行，故《王制》及《文王世子》所载泮宫庠序之制，恐非事实（第四章）。

三、春秋时盖尚未有金属货币。考当时诸国间贿赂公行，观其行贿所用，自城、田、宗器、乐师、工匠、车马、珠玉、锦，下至粟、帛，皆所恒有，独无金属货币。而贵族之所以赐下及互相馈赠者亦不出以上诸物。僖十八虽有楚子赐郑伯金一事，然所谓"金"实铜料也。当时金属货币之未通行殆可断定。周景王铸大钱一事，恐非信史也（页五五至五九）。

四、鲁之世族有数特点：（1）诸家争夺，败者或死或亡，其敌方必为之立后。灭族之事，绝对无之。（2）公室与私家因立后而肇乱之事，视其他国家为多。（3）公族假外力为乱之事亦鲁为最多。（4）家臣之乱，亦鲁最多见（页六七至九五）。

此外《春秋时史官之地位》一章（第五章）亦颇可观，唯无甚新义。

此书所根据史料以《左》《国》为主，而旁参《诗》、《论语》、《礼记》、《史记》、《周官》。作者未向诸子及周金中搜讨，实为遗憾。予此时无机会为之补苴，然私意可补者当不少。兹就记忆所及，举二例如下：

（1）关于楚国世族制度，《韩非子·喻老》篇有一重要之称述云："楚邦之法，禄臣再世而收其地，唯孙叔敖独在。此不以其邦为收者，脉也。故九世而乱不绝。"此事亦见《吕氏春秋·孟冬纪》。以此观之，楚国独无陪臣专政之事，盖有由也。

（2）书中考诸侯大夫都城之大小，仅据《左传》开端祭仲之语，然旁证尚多。例如《公羊传》："孔子行乎季孙……邑无百雉之城。"《孟子》："三里之城，七里之郭。"《韩非子·八说》："拔千丈之都，败十万之众。"《战国策》（周策）："宜阳城方八里。"

即《左传》中有关本题之重要史料，作者采摭亦未能尽。例如"世族制度下经济状况……"一章中言及商业，所征者仅韩宣子索郑商环及郑弦高犒秦师二事。此二事近年来言先秦经济状况者，自梁任公之《先秦政治思想史》以下，征引已烂熟。然《左传》中有一同类而重要更倍蓰之事，亦在郑国，独无引及之者，是可异也。

事在成公三年："荀䓨之在楚也，郑贾人有将置诸褚中以出。既谋之，未行，而楚人归之。贾人如晋，荀䓨善视之，如实出己。贾人曰，吾无其功，敢有其实乎，遂适齐。"由此事，参前二事，可见（一）春秋时郑国"国际"贸易之发达：西至于周，东至于齐，南至于楚，北至于晋。又可见（二）郑商人权力之大，可以出异邦之羁臣，寝假而涉及政治；吾人于此隐然得见一吕不韦之前身也。

以郑国商业之特别发达，在并世诸国中，盖为最"都市化"者，此读《诗·郑风》可知。子产之俨然具近代大政治家之器识与风度，非偶然也。

郑国音乐之精进亦为其都市化之一征。郑之音乐在当时大为异邦所钦慕，故其赂晋（襄十一年）赂宋（襄卜五年）皆用乐师，而"郑声"遂成为邹鲁缙绅先生攻击之对象。盖前者代表都市文明，后者为农业文明之产物，宜其格格不相投也。

郑国刑法之修明，表现于其"刑鼎"之昏先铸造者，又其都市化之一征。其他文物，当其灿然，惜乎"郑书"（引见《左传》襄公三十年）不传，今无从稽也。因言郑国商业，附论及此。

又本书页三一云："世族……兵力如何，史材缺略，无详明之记载可寻。"实则未尝无之。如昭元年秦公子鍼（桓公子）奔晋，"其车下千乘"。往年梁任公先生考证老子，以其中有"万乘"之语，决其必非春秋时作品，实亦未细究耳。既有千乘之家，岂无万乘之国？

又本书（第六章）言及世族之经济特权时，仅注意及于农田，实则采邑之中，农田以外，山林薮泽江海之所产，亦为贵族所享有而专卖，故昭三年记齐田氏市惠于民，有"山木如市，弗加于山；鱼盐蜃蛤，弗加于海"之事。此亦当补入者也。

原载《大公报》一九三三年十一月二十日。